KB219416

성령을 따라 하는

일상의 결정들

성령을 따라 하는
일상의 결정들

지은이 | 김병삼
초판 발행 | 2022년 4월 20일
4쇄 발행 | 2023년 7월 13일
등록번호 | 제1988-000080호
등록된 곳 | 서울특별시 용산구 서빙고로65길 38 두란노빌딩
발행처 | 사단법인 두란노서원
영업부 | 2078-3352   FAX | 080-749-3705
출판부 | 2078-3331

책 값은 뒤표지에 있습니다.
ISBN 978-89-531-4188-9 03230

독자의 의견을 기다립니다.
tpress@duranno.com   http://www.Duranno.com

두란노서원은 바울 사도가 3차 전도여행 때 에베소에서 성령 받은 제자들을 따로 세워 하나님의 말씀으로 양육하던
장소입니다. 사도행전 19장 8-20절의 정신에 따라 첫째 목회자를 돕는 사역과 평신도를 훈련시키는 사역, 둘째 세계
선교(TIM)와 문서선교(단행본잡지) 사역, 셋째 예수문화 및 경배와 찬양 사역, 그리고 가정·상담 사역 등을 감당하
고 있습니다. 1980년 12월 22일에 창립된 두란노서원은 주님 오실 때까지 이 사역들을 계속할 것입니다.

성령을 따라 하는

일상의

Actus
Apostolorum

김병삼 지음

결정들

: 갈등하는
그리스도인에게
답하다

두란노

목차

오늘의 결정이 하나님 앞에서 복되기를

우리는 결정하는 일을 참 힘들어합니다. 오죽하면 '결정 장애'라는 말이 있을 정도입니다. 왜 그럴까요? 결정의 결과를 알기 어렵고, 그 결과를 자신이 책임져야 하기 때문입니다.

어느 날 사도행전 말씀을 묵상하다 불현듯 그런 생각이 들었습니다. '초대교회 역사 가운데 참 중요한 순간들이 많았구나! 그 순간마다 사도들이 내린 결정으로 사도행전의 역사가 쓰였구나!'

만약 그 중요한 순간에 사도들이 다른 결정을 내렸다면 어떤 결과가 나왔을까요? 그들은 왜 그런 결정을 내렸을까요? 혹시 그런 결정을 내릴 수밖에 없었던 이유가 있었을까요?

사도행전에서 열두 가지의 결정적 순간들을 뽑아 보았습니다. 그리고 그러한 결정을 내리게 된 이유와 그 결정이 만든 결과들, 우리가 삶에서 이런 결정들을 어떻게 적용해야 할지 생각해 보았습니다. 이러한 질문과 답이 일상에서 올바른 결정을 하는 데 도움이 되면 좋겠습니다.

지난 한 해 12주 동안 이 결정의 순간들에 대한 시리즈 설교를 진행하면서 참 흥미진진했습니다. 지면의 한계로 책에는 다 담지 못했지만, 매 주일 부목사님들이 사도행전에서 중요한 결정의 순간에 대한 의문을 제기하고 설교자에게 물으면, 제가 대답하는 형식으로 설교를 진행했습니다. 사도행전의 결정들이 신앙인의 일상에 어떤 영향과 도움을 줄지 적용해 보았으면 좋겠다고 생각했기 때문입니다.

1장에서는 성령을 기다리며 예루살렘에서 기도했던 제자들을 통해 '언제까지 기다려야 하나요?'를 주제로 기다림과 인내의 문제를 다루었습니다.

2장에서는 초대교회 성도들이 성령을 체험한 후 일어났던 변화

중 하나인 '나누는 삶'을 살펴보면서 '왜 나누며 살아야 하나요?'를 주제로 나눔의 이유와 그 결과를 다루었습니다.

3장에서는 사도행전에 등장하는 아나니아와 삽비라 사건을 통해 '인정받고 싶은 게 잘못인가요?'를 주제로 성도들에게 흔히 찾아오는 인정의 욕구를 다루었습니다.

4장에서는 최초의 순교자 스데반은 왜 순교해야 했는지, 그에게 다른 선택지는 없었는지를 생각하며 '타협하면 안 되나요?'를 주제로 신앙생활하며 부딪히는 타협의 문제를 다루었습니다.

5장에서는 바울의 회심 사건에 등장하는 아나니아 선지자에게 초점을 맞춰 살펴보고, '불편한 부르심에도 순종해야 하나요?'를 주제로 삶에 종종 찾아오는 부르심과 순종, 그리고 그 결과를 다루었습니다.

6장에서는 늘 시간을 정해 놓고 기도하던 고넬료, 마찬가지로 정해진 시간에 기도하며 환상을 보았던 베드로와의 만남을 통해 '하나님을 만나는 자리가 따로 필요한가요?'를 주제로 기도해야 하는 이유가 무엇인지 생각해 보았습니다.

7장에서는 무명의 바울을 믿고 불러 준 바나바라는 인물을 살펴 보면서 '또 용서하고 믿어 줘야 하나요?'를 주제로 우리를 거듭 실망시키는 사람을 왜 용서해야 하는지, 그 힘든 결정의 결과는 무엇 인지 다루었습니다.

8장에서는 바울이 사역지를 결정하던 중요한 순간을 살펴보면서 '성공과 승리가 어떻게 다른가요?'를 주제로 선택의 순간 무엇이 바람직한 결정인지를 다루어 보았습니다.

9장에서는 사람의 계획이 아닌 성령님의 인도하심 가운데 이루 어진 일이라 고백하게 되는, 그래서 '성령행전'이라 불리는 초대교 회의 역사를 통해 '계획하는 게 잘못인가요?'를 주제로 일상에서 계획을 세우고 행하는 것의 의미를 생각해 보았습니다.

사도행전을 묵상하다 보면 의아한 부분이 있습니다. 바울이 마치 성령님의 인도하심을 따르지 않고 불순종하는 것처럼 보이는 내용이 있기 때문입니다. 10장에서는 그런 때에도 여전히 바울을 통해 역사하신 성령님의 일하심을 살펴보고 '불순종도 기뻐하시나요?'를 주제로 인격적이신 성령님이 인도하실 때에 우리에게 어떤 믿음이 필요한지 살펴보았습니다.

11장에서는 죄수의 몸으로 배를 타고 로마를 향해 가던 바울의 모습을 살펴보고 '그래도 두려운데 어떻게 해야 하나요?'를 주제로 삶에 고난과 두려움이 닥쳤을 때 어떤 결정을 해야 하는지 생각해 보았습니다.

12장에서는 옥에 갇혀서도 복음을 전했던 바울의 마지막 순간을 통해 '이렇게까지 전도해야 하나요?'를 주제로 우리 인생이 어디를 향해 가야 하는지 살펴보고, 끝까지 복음이 전해지도록 이끄시는 성령의 역사를 다루어 보았습니다.

말씀을 묵상하며 그런 생각을 했습니다. "어떤 결정도 정답은 없다!" 단지 그 결정을 내리기 전에 하나님 앞에 씨름하며 순종하는 선택만이 있을 뿐입니다. 진정한 순종이란 결과 때문에 일어나는 것이 아니라, 하나님 앞에서 옳다고 생각하기에 행하는 것입니다. 오늘 우리가 삶에서 내리는 결정이 하나님 앞에서 우리 인생을 복되게 하기를 바랍니다. 아울러 이 책이 아직 코로나19로 힘겨운 신앙의 여정을 걷고 있는 성도들에게 힘이 되기를 바랍니다.

2022년 4월
만나교회 목양실에서
김병삼 목사

1장

언제까지
기다려야
하나요?

◌ "섬기는 교회에서 자꾸 어려운 일
이 생깁니다. 관계, 재정, 사역 등 문제
에 부딪힐 때마다 교회를 향한 첫 마음과
하나님이 주셨던 약속이 희미해지고 교
회를 떠나고 싶습니다. 교회가 회복되기
를 언제까지 기다려야 할까요? 기다림의
시간을 어떻게 이겨낼 수 있을까요?"

12 제자들이 감람원이라 하는 산으로부터 예루살렘에 돌아오니 이 산은 예루살렘에서 가까워 안식일에 가기 알맞은 길이라 13 들어가 그들이 유하는 다락방으로 올라가니 베드로, 요한, 야고보, 안드레와 빌립, 도마와 바돌로매, 마태와 및 알패오의 아들 야고보, 셀롯인 시몬, 야고보의 아들 유다가 다 거기 있어 14 여자들과 예수의 어머니 마리아와 예수의 아우들과 더불어 마음을 같이하여 오로지 기도에 힘쓰더라 15 모인 무리의 수가 약 백이십 명이나 되더라 그때에 베드로가 그 형제들 가운데 일어서서 이르되 행 1:12-15

1 오순절 날이 이미 이르매 그들이 다 같이 한 곳에 모였더니 2 홀연히 하늘로부터 급하고 강한 바람 같은 소리가 있어 그들이 앉은 온 집에 가득하며 3 마치 불의 혀처럼 갈라지는 것들이 그들에게 보여 각 사람 위에 하나씩 임하여 있더니 4 그들이 다 성령의 충만함을 받고 성령이 말하게 하심을 따라 다른 언어들로 말하기를 시작하니라 행 2:1-4

아주 위험한 기다림

사도행전의 역사는 '기다림'을 선택한 순간부터 시작됩니다. 누가복음 24장 48-49절에는 부활하신 예수님이 제자들에게 나타나 하신 말씀이 기록되어 있습니다.

> 48 너희는 이 모든 일의 증인이라 49 볼지어다 내가 내 아버지께서 약속하신 것을 너희에게 보내리니 너희는 위로부터 능력으로 입혀질 때까지 이 성에 머물라 하시니라 눅 24:48-49

"이 성"은 마가의 다락방이 있던 예루살렘입니다. 예루살렘은 예수님이 로마 군인들에게 붙잡혀 십자가에서 처형당하신 곳이지요. 그런데 주님은 예루살렘에 "머물라"고 하셨습니다. 즉 기다리라는 것입니다. 마가의 다락방은 대제사장의 집 가까이에 있었습니다. 따라서 제자들에게 이곳은 예수님과 함께 있었다는 이유만으로도 죽음의 위협을 느낄 수 있는 곳이었습니다.

기다리라는 말씀 가운데는 두 가지의 공포가 존재합니다. 하나는, 고난과 처형의 장소라는 공포, 다른 하나는, 기약 없이 기다려야 한다는 시간의 공포입니다. 기약 없는 기다림은 우리를 두렵게 합니다. 오늘을 살고 있는 우리는 예수님의 말씀 이후에 일어날 전반적인 상황을 압니다. 결과적으로는 10일 동안 기다렸지요. 하지만 이때 제자들은 얼마나 기다려야 하는지 몰랐을 테니 기다리기가 쉽지 않았을 것입니다. 그러니 제자들이 예수님의 약속을 의지하지 못하고 떠났을 상황 또한 충분히 고려할 수 있습니다.

여기에서 우리가 주목해야 할 것이 있습니다. 예수님의 부활을 본 증인은 최소 500명인데, 그중 기다린 사람이 있고 그렇지 못한 사람이 있었다는 것입니다.

> 그 후에 오백여 형제에게 일시에 보이셨나니 그 중에 지금까지 대다수는 살아 있고 어떤 사람은 잠들었으며 고전 15:6

> 14 여자들과 예수의 어머니 마리아와 예수의 아우들과 더불어 마음을 같이하여 오로지 기도에 힘쓰더라 15 모인 무리의 수가 약 백이십 명이나 되더라 그때에 베드로가 그 형제들 가운데 일어서서 이르되 행 1:14-15

마가의 다락방에서 예수님의 약속을 의지하고 기다리며 기도했던 제자는 120명입니다. 그렇다면 나머지 380명은 어디로 간 것일까요?

한번 상상해 봅시다. 기다리지 못한 380명에게도 나름대로 이유가 있지 않았을까요? 그들은 무서웠을지도 모릅니다. 예루살렘이라는 공간이 주는 공포가 주님의 부활을 목격한 사실을 압도했을 수도 있습니다. 실제 우리 주변에서 공포 때문에 진실을 숨기거나 아예 숨어 버리는 목격자가 많습니다. 그런 공포에도 불구하고 진실을 밝히는 사람들을 보호하고 지원하는 '공익신고자 보호법'도 있지 않습니까?

그런데 다른 한편으로 이런 생각도 가능합니다. 이들은 부활하신 주님과 40여 일을 함께 보냈을 것입니다. 주님이 자신의 눈앞에서 구름을 타고 승천하는 모습도 보았을 것입니다. 얼마나 대단한 영광인가요? 어쩌면 그들은 자신이 본 사실을 누군가에게 빨리 알리고 싶지 않았을까요?

그렇지만 주님은 사역과 사명으로 조급한 사람들에게 떠나지 말고 기다려 성령을 받으라고 명령하십니다.

> 사도와 함께 모이사 그들에게 분부하여 이르시되 예루살렘을 떠나지 말고 내게서 들은 바 아버지께서 약속하신 것을 기다리라 행 1:4

"떠나지 말고"는 거기서 역사하시겠다는 뜻이고, "기다리라"는 하나님의 역사를 경험하라는 의미입니다. 과연 우리가 그 현장에 있었다면 명령에 따라 기다린 120명 중 하나일까요, 아니면 사라진 380명 중 하나일까요? 과연 이 기약 없고 위험한 기다림을 할 수 있겠습니까?

기다릴 것인가, 떠날 것인가? 끝까지 갈 것인가, 포기할 것인가? 여기에도 선택이 필요합니다. 하나님과의 관계에는 기준이 있습니다. 하나님이 누구신지를 분명하게 알면 그분에 대한 확신과 믿음이 흔들리지 않습니다. 즉 십자가의 유익을 알고 그분을 향한 믿음을 가졌다면 흔들림 없이 기다릴 수 있습니다. 언제나 그렇듯이 '기다림'이란 대상에 대한 믿음의 정도에 좌우됩니다.

내게 기다리라고 하시는 곳은 어디인가

주님은 제자들에게 "이 성에 머물라"고 하셨습니다(눅 24:49). 120명의 제자는 주님의 당부를 따라 그 자리를 지켰습니다.

지금 내게 기다림의 장소는 어디입니까? 오늘 예수님이 나에게 "너 지금 거기에서 기도에 힘써라"라고 말씀하시는 곳은 어디입니까? 같은 질문을 만나교회 묵상 팀에게도 해 봤습니다. 이런 멋진 답들이 있었습니다.

"나의 예루살렘은 '가정과 직장'입니다. 하나님은 제 삶이 힘들고 지칠 때 가정을 통해 회복시키셨고 삶의 의미를 찾게 하셨습니다. 창업한 지 만 12년이 되는 직장에서 저의 욕심과 자만을 보게 하셨고 하나님이 주인이심을 깨닫게 하셨고 소명을 알게 하셨습니다. 제가 높아지면 낮추시고 낮아지면 높이시는 하나님의 사랑을 알게 하셨습니다."

"나의 예루살렘은 '내가 있는 이 자리'입니다. 가정과 교회, 제가 아는 사람들이 있는 바로 이 자리입니다. 이 자리는 결코 쉽게 얻어진 게 아닙니다. 많은 상처와 회복이 있고, 수수께끼와 놀라운 답이 있는, 성장통을 겪으며 온 자리입니다. 가정에서 상처받으면 교회에서 회복되었고, 교회에서 상처받으면 또 가정에서 회복되었습니다. 가정과 교회라는 두 축이 맞물려 돌아가면서 제 신앙은 자라고 성숙하는 것 같습니다."

"나의 예루살렘은 '지금, 여기'입니다. 일상을 통해 제가 매일 만나는 사람들에게 하나님의 사랑을 전하는 것이 하나님이 주신 사명이자 의무입니다. 매일의 삶을 거룩하고 순전하게, 하나님 보시기에 아름다운 사람으로 살아가는 것이 제가 해야 할 일입니다. 그렇게 살려고 노력하는 순간부터 하나님의 예비하심이 느껴지고 보이기 시작합니다. 하나님의 세미한 손길에 감사하게 되고, 이런 선순환이 결국 제 예루살렘을 더욱 부요하게 만듭니다."

"하나님은 나의 '사명과 직분'에 머물라고 하십니다. 섬기는 교회의 목회 방향과 목적에 맞는 사명, 주어진 직분에

충실하되 하나님의 능력을 힘입어 계속해서 발전하는 신앙인이 되라고 하십니다. 하나님의 명령과 약속, 신앙 선배들의 수고와 피 흘림 덕분에 우린 안정되고 조직적인 체계 아래에서 신앙의 길을 걸을 수 있게 되었습니다. 코로나 상황 중에 있지만, 그럼에도 우리 교회에는 계속해서 생소하고 도전해야 할 변화와 시련이 찾아옵니다. 이런 시기를 겪으며 일정 수준 패러다임의 변화를 모색해야 하고, 실제로 이를 적용하며 주님이 교회를 통해 일하심을 믿고 그 역할을 확실하게 재정의할 필요가 있습니다. 이것을 누가, 어떻게 해야 할까요? 바로 목회자와 직분자 우리 모두입니다. 창립기념일 설교 때 목사님의 말씀처럼, 교회를 떠나지 말고 머물러야 합니다. 주님이 일하실 때를 기다려야 합니다."

하나님의 약속을 믿을 때 기다릴 수 있다

그렇다면 120명의 제자들은 어떻게 예루살렘의 자리를 지킬 수 있었을까요? 사도행전 1장 14절을 묵상하며 깨달은 것이 있습니다. 120명이 "마음을 같이하여" 기도했다고 합니다. 《메시지》에서는 이 구절을 이렇게 표현합니다.

"이들은 끝까지 이 길을 가기로 뜻을 모으고, 온전히 하나가 되어 기도했다."

　성경은 120명의 제자가 마가의 다락방에 모인 장면을 "약 백이십 명이나 되더라"라고 묘사하고 있습니다. 놀랍지 않습니까? 우리는 떠나간 380명을 생각하며 '이제는 120명밖에 남지 않았다'고 생각할 법한데 성경은 '120명이나 모여서 기도하니 든든하다'고 합니다. 게다가 이들은 마음을 같이하기로 결심했습니다. 같은 마음으로 합심하여 기도하니 얼마나 힘이 되었겠습니까?

　이들은 하나님의 약속이 끝나지 않았다고 믿었습니다.

　　　제자들이 감람원이라 하는 산으로부터 예루살렘에 돌아오니
　　　이 산은 예루살렘에서 가까워 안식일에 가기 알맞은 길이라
　　　행 1:12

　제자들은 마가의 다락방에 모이기 전에 '감람원'이라는 산에 다녀왔습니다. 그곳에서 그들은 예수님이 승천하시는 모습을 보고 돌아왔습니다. 그들의 마음이 어땠겠습니까? "우리 예수님이 승천하시다니!" 하면서 들떴을까요? 만약 제가 그곳에 있었다면 '이제 예수님 없이 우리끼리 어떻게 살아야 하지? 왜 우리만 두고 가셨지?' 하는 두려움과 막연함, 서운함도 있었을 것 같습니다.

　그들이 감람원에서 돌아와 그 불안한 마음을 가지고 마가

의 다락방에 모였습니다. 그런데 이들은 주저앉지 않았습니다. 제자들은 주님의 약속을 붙들기로 '동의'했습니다. '우리가 함께 모여 여기에서 예배를 드리자. 뜻을 모아 같이 성령을 기다리자' 하고 동의한 것입니다. 만약 제자들이 예수님의 약속을 붙들지 않았더라면 얼마나 큰 실망과 공허가 자리 잡았을까요?

진정한 기독교의 모습, 교회의 모습이 무엇일까요? 교회는 '동의' 가운데 시작되었습니다. 우리가 잘 아는 것처럼 마가의 다락방에서 성령을 기다리며 성령을 체험한 이들을 통해 교회가 시작되었습니다. '기독교 신앙'을 가진 사람들의 공동체가 '교회'라는 이름으로 시작된 것입니다. 여기에서 교회의 정체성이 아주 명확하게 드러납니다.

교회는 주님의 약속을 기다리기로 동의한 사람들의 공동체입니다. 마음을 같이하여 기도에 힘쓰는 사람들의 공동체입니다. 그러니 교회에서 몇 명이 모였느냐는 중요하지 않습니다. 마음을 모았느냐가 중요합니다. 교회는 자신의 생각을 가감 없이 말하는 공동체가 아니라, 약속을 붙드는 공동체입니다.

만일 주님의 약속을 붙들고 기도하겠다는 제자들의 선택이 없었다면 이 땅에 교회는 존재하지 않았을 것입니다. 하나님은 교회가 아닌 다른 방법으로 일하셨을 것입니다. 하나님은 교회가 없어도 충분히 다른 방법으로 동일하게 일하실 수 있는 분입니다. 교회의 역사는 고작 2천 년이지만, 하나님은 훨씬 전부터 이 땅에서 일하고 계셨습니다. 그러나 그때 제자들이 주님의 약속을 붙들었기 때문에 오늘 우리가 이렇게 교회에서 예배드릴 수 있는 것입니다.

만일 교회가 하나님의 약속을 의지하지 않고, 마음을 같이하여 기도하지 않는다면 이 땅에서 사라질지 모릅니다. 예배하는 공동체 가운데 주님의 약속이 존재합니까? 저는 설교할 때마다 두려운 마음으로 하나님께 질문합니다. "하나님, 지금 저는 이 자리에서 제 이야기를 합니까, 주님의 약속을 선포합니까?"

이와 같은 두려움이 우리 모두에게 있어야 합니다. "하나님, 우리가 주님의 약속을 붙들고 한마음으로 기도하는 공동체입니까, 아니면 내 뜻과 생각을 끊임없이 이야기하며 다툼을 만들고 있는 공동체입니까?" 하고 끊임없이 질문해야 합니다. 만약 우리가 주님의 약속을 붙들지 않고, 한 마음으로 기도하지 않는다면 하나님은 더 이상 우리 공동체를 통해 일하시지 않을 것입니다.

교회는 건물이 아니라, 하나님의 약속을 붙드는 믿음의 공동체입니다. 참된 교회 공동체에는 명확한 표식이 있습니다. 바로 하나님의 약속을 의지하고 기다리는 것입니다. 주님을 신실하게 믿는 사람들이 모인 공동체만이 이 기다림을 견뎌 냅니다. 기다림에 대하여 만나교회의 한 청년이 이런 글을 남겼습니다.

"언젠가 유튜브에서 연애에 관한 흥미로운 이야기를 본 적이 있다. 상대방이 바람피운다고 거듭 의심하다 보면 결국 그가 바람을 피우게 된다는 것이다. 처음에는 그럴 마음이 없었는데도 연인이 계속 바람을 피우냐며 추궁하면 결국 오기가 생겨 바람을 피운다는 것이다. 그러면 계속 의심하며 추궁하던 연인은 '봐, 내 말이 맞았지? 너는 바람을 피우잖아' 한다는 것이다. 기다림에 가장 필요한 것이 믿음이다. 우리가 무엇을 믿느냐에 따라 기다림의 행동이 달라진다. 선과 악 중 나도 모르게 믿고 있는 것이 무엇인가? 나는 그 믿음에 합당한 결과를 받게 될 것이다. 누군가는 예수님의 재림을 환희로 맞이하고 누군가는 아뿔싸 하며 받아들이게 될 것처럼."

어떤 공동체는 "나는 못 믿지만" 하면서 모이고, 어떤 공동체는 "나는 하나님의 약속을 믿습니다!" 하면서 모입니다. 하나님은 단순히 며칠이 아니라, 몇 년을 기다리게 하실 때도 있습니다. 우리가 하나님의 약속을 믿을 때 적극적으로 기다릴 수 있습니다. 삶에서 하나님의 능력을 경험하지 못하는 이유가 '빠른 포기' 때문이라는 생각을 해 보았습니까?

우리에게 필요한 것은 이것입니다. 내 마음대로 되지 않는 상황 중에도 하나님을 신뢰하고 의지하며 나아가기. 뜻대로 풀리지 않는 상황 중에도 하나님의 인도하심에 집중하기. 아직 목적을 이루지 못했을지라도 좌절하지 않고 옳은 일을 하면서 묵묵히 기다리기.

약속을 붙든 이들을 통해 일하신다

주님의 제자들은 감람원에서 내려와 안식일에 마가의 다락방에 모였습니다. 그곳에서 십자가에 달리신 주님과 부활하신 주님, 승천하신 주님을 기억했습니다. 그리고 성령을 기다리라는 약속을 믿었습니다. 그러한 공동체가 교회입니다. 주님의 역사와 약속을 기억하는 것, 이것이 그들이 명령을 따라 성령을 기다릴 수 있었던 비결입니다. 이것이 바로 예배입니다.

교회는 건물이 아니지만 건물인 교회에서 드리는 예배는 참으로 소중합니다. 코로나 시대를 지나면서 '이러다가 예배를 못 드리는 것 아닌가? 공동체가 깨어지는 것 아닌가?' 하며 많이들 걱정했습니다. 그러나 하나님은 이런 마음을 주셨습니다. 교회 건물에서 드리는 형식적인 예배가 아니라 하나님의 약속을 의지하며 진실한 공동체로 다시 모이는 예배의 회복이 우리에게 필요합니다. 진짜 믿음으로 말씀을 붙들고 기도하는 공동체가 다시 만들어질 때, 교회와 이 민족에 새로운 소망을 주실 거라 믿습니다. 교회의 어려움은

전 시대에 있었습니다. 그때마다 하나님은 약속을 붙든 사람들을 통해 늘 교회를 새롭게 하셨고 새로운 역사를 이루셨습니다. 진정한 예배가 회복될 때 하나님은 새로운 교회 공동체를 만들어 가십니다.

마틴 로이드 존스(Martyn Lloyd Jones)가 《진정한 기독교》에서 계속 강조하는 것이 있습니다. 교회는 철저하게 하나님이 하신 일에서 시작한다는 것입니다. 하나님은 세상을 포기하지 않고 여전히 일하시며 우리를 찾아오십니다. 아담과 하와가 불순종하여 혼란에 빠져 있을 때 하나님은 동산으로 내려오셨습니다. 이스라엘 백성이 애굽 땅에서 노예 생활을 하며 신음할 때 그들을 구원하시기 위해 하나님은 시내산에서 양을 치고 있던 모세를 찾아와 구원의 사명을 주셨습니다. 이스라엘이 타락하고 우상을 숭배할 때 하나님은 갈멜산에서 기도하던 엘리야를 통해 불로 임하셨습니다. 초대교회에서도 하나님은 성령으로 임재하여 역사하셨습니다. 성경은 끊임없이 인간 역사에 개입하시는 하나님의 손길 이야기입니다. 그러니 교회는 끊임없이 역사하시는 하나님의 손길 안에 존재합니다.

예배에는 우리를 향한 하나님의 위대한 일을 기억하는 것이 포함되어 있습니다. 그래서 예배 가운데 감사의 고백이 빠지지 않습니다. 단순히 현재의 일을 감사하는 것이 아닙니다. 지금까지 인도하신 하나님의 은혜를 기억하며 감사하고, 미래에 있을 일도 미리 감사하는 것입니다. 저는 개인적으로 '기념비'라는 말을 참 좋아합니다. 기념비를 보면서 하나님이 행하신 일을 기억하기 때문입니다. 눈에 보이는 기념비를 세우는 것도 중요하겠지요. 그렇지만 정기적으로 드리는 우리의 예배야말로 가장 좋은 기념비입니다.

주님의 부활과 승천을 목격한 제자들도 정기적으로 '주님의 날'을 기념하여 모였습니다. 그들이 모여서 무엇을 했을까요? 그들이 기억했던 것은 무엇이었을까요?

> **1** 오순절 날이 이미 이르매 그들이 다 같이 한 곳에 모였더니 **2** 홀연히 하늘로부터 급하고 강한 바람 같은 소리가 있어 그들이 앉은 온 집에 가득하며 **3** 마치 불의 혀처럼 갈라지는 것들이 그들에게 보여 각 사람 위에 하나씩 임하여 있더니 **4** 그들이 다 성령의 충만함을 받고 성령이 말하게 하심을 따라 다른 언어들로 말하기를 시작하니라 **행 2:1-4**

120명의 제자가 주님의 약속을 기다리기로 선택한 결과로 교회가 시작되었다면, 바로 이런 성령의 역사가 오늘날 우리 교회에도 분명한 표증으로 보여야 합니다. 우리는 성령의 역사가 무엇인지 성경을 통해 명확하게 압니다. 사도행전 2장 1-3절이 성령에 대한 현상을 설명한다면, 4절은 그러한 현상에 따르는 실체입니다. 그러니 1-3절은 성령이 임하는 현상을 우리가 이해할 수 있는 한도 내에서 표현한 것입니다. 성령이 강하게 임재했는데 마치 불의 혀처럼 임했습니다. 오순절 성령의 역사는 오늘날 우리에게 어떤 방법으로 임할지 모릅니다. 문화에 따라 표현 방식이 다를 수는 있지만 결과는 명백합니다. 성령 충만함을 받은 제자들이 "성령이 말하게 하심을 따라 다른 언어들로" 말하기 시작한 것입니다.

다음은《진정한 기독교》에 나오는 내용입니다.

"기독교는 능력입니다. 기독교는 급하고 강한 바람이었습니다. 기독교는 변화를 일으키는 능력입니다. 기독교는 사람들을 변화시킵니다. 기독교는 제자들을 변화시켰으며, 그 결과 약하고 겁 많고 소심하고 무기력하고 쓸모없던 그들이 하나님의 강한 용사가 되었습니다. … 기독교는 경이입니다. 기독교는 사람들을 깜짝 놀라게 합니다."

교회는 철저하게 하나님이 하시는 일에 근거하며, 그리스도인은 철저하게 그 능력을 고백하는 사람들입니다.《진정한 기독교》에 나오는 글을 조금 더 인용하겠습니다.

"하나님의 손길이 여러분의 영혼에 닿는 것을 느낀 적이 있습니까? 하나님께서 여러분을 다루셨고, 여러분의 삶에 들어오셨으며, 여러분이 할 수 없는 일을 하셨다는 것을 아십니까? 지금의 여러분은 하나님의 은혜라는 것을 아십니까? '나는 설명할 수 없습니다. 내가 아는 것은 하나님께서 그리스도 안에서 내게 무엇인가를 하셨다는 것뿐입니다'라고 말합니까? 이렇게 말할 수 있다면 여러분은 그리스도인이지만, 여러분이 가진 것이라고는 여러분이 행하는 것과 생각하는 것뿐이라면 제 생각에는 여러분은 그리스도인이 아닌 것 같습니다. 하나님께서 여러분에게 급하고 강한 바람으로 오실 필요는 없지만, 이것은 언제나 하나님의 능력입니다. 이것은 언제나 하나님의 손길입니다."

혼돈 속에 있는 사람들을 찾아가야 한다

여기서 우리가 물어야 하는 질문이 있습니다. '왜 성령께서는 제자들에게 각기 다른 언어로 말하도록 하셨는가?' 물론 당시 예루살렘에 모인 사람들은 소위 디아스포라였습니다. 타국에서 살다 보니 히브리어를 잃어버리고 각양각색의 언어를 사용했습니다. 모두가 유월절을 지키려고 왔다가 삶에서 경험해 보지 못한 방식으로 하나님을 만났습니다. 그렇지만 이렇게 질문해 볼 수도 있지 않을까요?

'하나님이시라면 제자들이 한 언어로 이야기해도 예루살렘에 모인 모든 사람이 알아듣도록 할 수 있으셨을 텐데, 그렇게 하지 않으시고 왜 제자들이 직접 다른 언어로 말하게 하셨을까?'

이 부분을 깊이 묵상해 봤습니다. 그리고 하나님이 일하시는 방식과 그분의 마음을 깨달았습니다. 하나님이 늘 인간들의 혼돈 가운데 찾아와 일하셨던 것처럼, 교회는 혼돈 속에 있는 사람들에게 찾아가야 합니다. 교회는 사람들에게 복음을 들으러 오라고 말하는 공동체가 아니라, 하나님의 말씀을 전하기 위해 현장으로 나가는 공동체가 되어야 합니다. 그래서 하나님은 교회가 그 본질을 잃을 때마다 무섭고도 놀라운 일을 행하십니다. 예수님이 십자가에 달리시던 때 성전 휘장이 찢어졌습니다. 성소와 지성소를 가로막던 휘장을 가르시고 우리를 왕 같은 제사장이 되게 하셨습니다.

> 50 예수께서 다시 크게 소리 지르시고 영혼이 떠나시니라 51 이에 성소 휘장이 위로부터 아래까지 찢어져 둘이 되고… 마 27:50-51

'언어'라는 사슬로 성경을 묶어 두었던 중세 교회에 말씀을 자유롭게 하는 개혁의 역사가 일어났습니다. 종교개혁시대에 성경이 각기 다른 언어로 번역되었고, 하나님의 말씀이 살아 역사하기 시작했습니다. 중세 교회가 하나님을 교회 건물에 가둬 놓았고, 권력을 가진 자들이 하나님을 이용해 자신의 부를 축적하며 사람들을 옭아매려 할 때 각 나라

언어로 번역된 말씀이 세계로 흩어져 복음이 널리 전파되었습니다.

코로나19로 인해 교회가 심각한 고민에 빠졌습니다. 주일에 교회에서 예배를 드리느냐 마느냐의 문제였습니다. 언제부터인가 한국 교회도 '하나님이 일하신다'가 아니라 '교회가 하나님을 지킨다'고 생각했던 것 같습니다. 교회에서 예배를 드리지 않으면 교회가 아닌 것처럼 생각하면서 말이지요. 사실 우리는 교회 건물에서 일하시는 하나님이 아니라, 교회를 세우신 하나님을 바라봐야 합니다. 하나님은 교회 안에서만 역사하시는 분이 아닙니다. 마가의 다락방에서 각각 다른 언어로 말씀하게 하셨던 성령의 역사가 사람들을 통해 뻗어 나갔듯, 교회는 하나님의 말씀을 가지고 이 세상으로 나가는 공동체가 되어야 합니다. 기다리고 기도하며 하나님의 일하심을 보아야 합니다.

저는 교회가 또 한 번 성령의 역사와 하나님이 일하시는 방법을 순종하며 바라봐야 할 때라고 생각합니다. 하나님은 우리를 사용하시지만 우리 방법으로 일하시지 않습니다. 이제는 교회가 기존의 방식이 아니라 새롭게 일하시는 하나님의 방식에 순종할 때가 되었다는 생각이 듭니다.

기다림은 수동적이거나 소극적인 게 아닙니다. 기다림은 가장 적극적으로 하나님의 일하심을 믿으며 순종하는 것입니다. 무작정 기다리는 것이 아닙니다. 기도하고 인내하며 성령의 역사를 꿈꾸어야 합니다. 기다리지 않았더라면 하나님은 120명의 제자를 통해 일하지 않으셨을 것입니다. 하나님의 일하심을 기다리지 않고 두려워 숨었거나, 조급하게 자신들의 열정으로 일했을 380명은 아무도 기억하지 않습니다. 왜 기억하지 않을까요? 하나님이 그들을 쓰시지 않았기 때문입니다. 하나님을 기다리며 그분의 일하심에 순종하는 믿음의 공동체가 새로운 하나님의 역사를 만들어 나갈 수 있습니다.

2장

왜 나누며 살아야 하나요?

"죽어라 일해서 번 돈을 왜 기부해야 하는지 이해가 안 돼요. 가난한 사람들은 국가에서 구제해야지 왜 교회가 나서야 하나요? 교회의 목적은 영혼 구원 아닌가요?"

42 그들이 사도의 가르침을 받아 서로 교제하고 떡을 떼며 오로지 기도하기를 힘쓰니라 43 사람마다 두려워하는데 사도들로 말미암아 기사와 표적이 많이 나타나니 44 믿는 사람이 다 함께 있어 모든 물건을 서로 통용하고 45 또 재산과 소유를 팔아 각 사람의 필요를 따라 나눠 주며 46 날마다 마음을 같이하여 성전에 모이기를 힘쓰고 집에서 떡을 떼며 기쁨과 순전한 마음으로 음식을 먹고 47 하나님을 찬미하며 또 온 백성에게 칭송을 받으니 주께서 구원받는 사람을 날마다 더하게 하시니라 행 2:42-47

우리는 자본주의 세상에 삽니다. 자산이 곧 힘이요 자기 안전을 지켜 주는 도구인 세상입니다. 그런 사회 구조 속에서 내가 아니라 타인을 위해 자산을 사용하고 헌신하라면 여러분은 어떤 선택을 하겠습니까?

초대교회 하면 아마도 사도행전 2장 44-47절에 나오는 모습이 가장 먼저 떠오를 것 같습니다. 그들은 물건을 서로 통용하고 자기 소유를 팔아 필요한 사람에게 나눠 주었습니다. 날마다 마음을 같이해 성전에 모이기를 힘쓰고 기쁨과 순전한 마음으로 음식을 먹었습니다. 그들은 온 백성에게 칭송을 받았습니다. 구원받는 사람이 날마다 늘어 갔습니다. 정말 이상적인 교회의 모습 아닙니까? 사회의 지탄을 받는 이 시대 교회와 차이가 납니다.

많은 목회자가 초대교회의 모습을 꿈꾸고 교회의 기준으로 삼기도 합니다. 그런데 이런 생각이 듭니다. 이상은 그저 이상일 뿐 아닙니까? 이상이 현실이 되는 일이 가능할까요? 초대교회는 재정과 소유를 다 나누었다고 하는데, 자본주의를 살아가는 이 시대에 그렇게 사는 것이 가능합니까? 이것은 흡사 공산주의가 표방하는 모습은 아닙니까? 이쯤 되니 궁금해집니다. 과연 사도행전에서 보여 주는 초대교회의 모습은 이상에 불과한 것일까요? 오늘날 우리는 이 말씀을 읽고 어떻게 적용해야 할까요?

은혜의 삶과 힘쓰는 삶

모든 그리스도인은 이상적인 하나님 나라를 꿈꿔 왔습니다. 하지만 꿈을 꾸는 것과 그 꿈이 현실이 되는 것은 다른 차원의 문제입니다.

> 하나님을 찬미하며 또 온 백성에게 칭송을 받으니 주께서 구원받는 사람을 날마다 더하게 하시니라 행 2:47

이 말씀은 그야말로 모두가 꿈꾸는 이상적인 교회의 모습입니다. 성경을 구조적으로 봤을 때, 47절의 이 말씀은 42-46절이 말하는 행동의 결과라 볼 수 있습니다. 즉 그들이 42-46절의 행동을 했기 때문에 47절의 결과가 따랐던 것이지요. 만약 초대교회 교인들이 42-46절처럼 행하지 않았다면 그들은 하나님을 찬송하지 못했을 것이고, 온 백성에게 칭송받지 못했을 것입니다. 하나님은 이 교회에 구원받는 숫자를 더하지 않으셨을 것입니다.

이 말씀은 우리 시대 교회를 측정하는 바로미터가 될 것 같습니다. 교회에서 하나님을 찬송하는 일이 사라지고 있습니까? 교회가 세상 사람들에게 칭송받지 못하고 있습니까? 교회에 구원받는 숫자가 늘어나지 않고 있습니까? 만약 지금 이런 현상이 일어나고 있다면 우리는 교회의 본질적인 문제를 직시해야 합니다. 그런 교회는 더 이상 초대교회와 같은 공동체가 아니기 때문입니다.

누군가는 이런 의문을 가질지 모르겠습니다. '과연 초대교회 공동체가 이 시대에도 나올 수 있는가?' 대답은 '그렇다'일 수도, '아니다'일 수도 있습니다. 이런 공동체가 성령의 역사 가운데 저절로 일어난다고 생각하면 대답은 '아니다'입니다. 하지만 성령의 역사와 하나님의 다스림 가운데서 의지적 결단이 일어난다면 '그렇다'입니다.

말씀을 묵상하며 눈에 들어온 구절이 있습니다.

> 그들이 사도의 가르침을 받아 서로 교제하고 떡을 떼며 오로지 기도하기를 힘쓰니라 행 2:42

이 구절에서 "힘쓰니라"라는 단어를 주목해 보기 바랍니다. 우리는 흔히 "은혜 받으세요" "은혜 받았어요"라는 말을 합니다. 은혜를 받으면 저절로 신앙생활이 되리라고 생각하는 것이지요. 그러나 이것은 우리가 자주 범하는 신앙의 오류 가운데 하나입니다. 초대교회는 성령의 역사가 아주 강하게 일어났음에도 불구하고, "힘쓰니라"고 했습니다. 즉 은혜 받은 자들이 애쓰지 않으면 그 은혜는 실제 우리 삶에 현실화되지 않습니다. 《메시지》에서는 이 부분을 이렇게 표현하고 있습니다.

"그들은 사도들의 가르침과 공동생활과 공동식사와 기도에 자신들의 삶을 드렸다."

NIV 성경에서는 '헌신적인'이라는 뜻의 "devoted"를 사용했습니다. 초대교회에 나타나는 이상적인 공동체는 자신의 삶을 드려 헌신하는 모습을 전제하고 있습니다. 즉 그들은 가르침, 봉사, 교제, 기도에 자신을 드렸습니다. "힘쓰니라"는 드렸다는 의미입니다. 이것은 교회가 해야 할 이상적인 사역의 모습이기도 합니다. 그 무엇도 저절로 되는 것은 없습니다. 삶을 드려야 가능한 일들입니다.

우리 신앙은 은혜로 시작합니다. 그러나 그 은혜의 생활을 계속하게 하는 것은 '의지적 결단'입니다. 결단 혹은 선택이라는 말은 선택하지 않은 모든 것을 포기한다는 의미를 내포합니다. 이것은 분명 의지적인 행동에서 나오는 것이 맞지요. 어떤 행동을 위해 방해하는 것들을 잘라 낸다는 의미이기도 하니, 여기에는 헌신과 노력이 따라올 수밖에 없습니다.

과연 지금 나와 내 공동체는 어떻습니까? 은혜의 삶을 결단하면서 포기한 것이 있습니까? 누구나 은혜를 경험할 수 있지만 그 은혜를 누리며 사는 사람은 많지 않습니다. 이러한 포기가 없다면 성령은 우리 안에서 역사하실 수 없습니다. 성령이 임하셨지만 역사하시지 않는 삶만큼 불쌍한 인생이 없다고 생각합니다. 성령은 내 삶에, 내 공동체에 임하셔서 올바른 선택과 결단을 할 수 있도록 인도하고 도우시는 분임을 믿습니다.

세상은 왜 초대교회를 두려워했는가

왜 교회가 세상에서 조롱당합니까? 왜 교회가 권위를 잃어버렸습니까? 우리는 이 부분을 뼈아프게 인정하고 그 이유를 찾아야 합니다. 우리에게는 '교회란 무엇인가'에 대한 고민이 있어야 합니다. 그런 의미에서 사도행전은 이 시대 교회 공동체에게 절실히 필요한 말씀입니다.

사람마다 두려워하는데 사도들로 말미암아 기사와 표적이 많이 나타나니 행 2:43

초대교회 공동체가 사도의 가르침을 받아 서로 교제하고 오로지 기도에 힘쓸 때, "사람마다 두려워"했다고 합니다. 여기에서 "사람마다"를 NIV 성경에서는 "everyone", 《메시지》에서는 "주위에 있던 사람들 모두"라고 표현합니다. 그런데 이들이 교회에서 일어나는 일들을 보면서 두려워했다고 합니다. 여기에서 두려움은 무서워했다는 말이 아니라 경외심으로 의식했다는 말입니다. 무서우면 피하지만, 경외하면 그 존재를 의식하게 되어 있습니다.

그렇다면 세상 사람들이 왜 초대교회가 하는 일들을 보며 두려워하고 의식했을까요? 자신이 하지 못하는 것을 교회가 하고 있었기 때문입니다. 분명한 사실이 있습니다. 교회가 세상보다 뒤처질 때 세상은 교회를 조롱합니다. 그러나 교회가 세상을 뛰어넘는 일을 할 때 세상은 교회를 두려워합니다. 과연 한국 교회에 이런 능력이 나타나고 있습니까? 초대교회는 그랬습니다. 수많은 사람이 교회를 두려워했던 이유는 세상이 감히 상상할 수 없는 일이 교회에서 일어났기 때문입니다.

사도행전 2장 44-46절 말씀을 묵상하면서 아주 중요한 의미를 발견했습니다.

> 44 믿는 사람이 다 함께 있어 모든 물건을 서로 통용하고 45 또 재산과 소유를 팔아 각 사람의 필요를 따라 나눠 주며 46 날마다 마음을 같이하여 성전에 모이기를 힘쓰고 집에서 떡을 떼며 기쁨과 순전한 마음으로 음식을 먹고 행 2:44-46

"다 함께 있어" "서로 통용하고" "각 사람의 필요를 따라 나눠 주며" "마음을 같이하여" "모이기를 힘쓰고." 이 표현들의 공통점을 발견했습니까? 이 모든 일은 혼자서는 할 수 없습니다. 전부 공동체에서 일어나는 일들입니다. 공동체와 관계성은 기독교의 본질입니다.

세상은 어떻습니까? 극명하게 개인주의를 강조합니다. 자기를 먼저 생각하고 자기 것을 먼저 챙겨야 안심합니다. 그런 사회 속에서 살아가는 사람들이 공동체를 생각하는 초대교회의 모습을 보았습니다. 세상 사람들이 이러한 교회의 모습을 부러워하고 두려워했습니다.

제가 사도행전 강해 원고를 작성하기 시작한 때가 2020년 3월입니다. 그즈음 이 땅에 코로나19가 창궐하기 시작했습니다. 전 세계가 팬데믹으로 혼란에 빠졌습니다. 교회도 예외가 아니었습니다. 역사상 처음으로 함께 모여 예배드리지 못하는 상황이 벌어졌습니다. 교회가 당면한 문제는 '주일 성수'였습니다. 교회는 주일 성수가 중요하다고 아무리 강조해도 세상은 그런 교회를 향해 비난과 조롱을 멈추지 않았습니다. 하루아침에 교회가 바이러스를 전염시키는, 사회에 피해를 주는 존재로 인식되기 시작했습니다. 모여서 기도하고 예배하는 행위가 교인들만을 위한 이기적인 행위로 전락했습니다.

그 일로 저는 '교회론'을 다시 생각하게 되었고, '예배'를 심각하게 고민했습니다. 셀 수 없는 질문이 쏟아져 나왔습니다. '교회는 하나님을 믿는 사람들의 공동체가 아닌가? 그렇다면 교회는 더 이상 건물이 아니지 않은가? 우리는 왜 건물에서 함께 모여 예배하지 못하는 것에 이렇게 힘들어하는가? 교회는 두세 사람이 모인 곳에 함께하겠다고 말씀하신 주님의 약속을 왜 신뢰하지 못하는가? 왜 다 같이 모여야만 교회라고 생각하는가? 예배가 하나님을 영화롭게 하고 하나님께 무릎을 꿇는 것이라면, 예배가 하나님과 이웃을 섬기는 것이라면, 왜 우리는 사람들이 만들어 놓은 예배의 형식과 시간에 매여 벗어나지 못하는 것일까?'

예수님이 바리새인과 사두개인 그리고 율법학자들과 각을 세웠던 지점이 있습니다. 누가복음 13장 10절 이하에 보면, 안식일에 회당에서 열여덟 해 동안 귀신 들려 앓으며 꼬부라져 조금도 펴지 못하는 여인을 예수님이 고치신 사건이 나옵니다. 회당장이 예수님을 비난하며 이렇게 말합니다.

> 회당장이 예수께서 안식일에 병 고치시는 것을 분 내어 무리에게 이르되 일할 날이 엿새가 있으니 그 동안에 와서 고침을 받을 것이요 안식일에는 하지 말 것이니라 하거늘 눅 13:14

여기에 예수님이 뭐라고 답하십니까?

> 15 주께서 대답하여 이르시되 외식하는 자들아 너희가 각각 안식일에 자기의 소나 나귀를 외양간에서 풀어내어 이끌고 가서 물을 먹이지 아니하느냐 16 그러면 열여덟 해 동안 사탄에게 매인 바 된 이 아브라함의 딸을 안식일에 이 매임에서

푸는 것이 합당하지 아니하냐 눅 13:15-16

만일 예수님이 코로나19가 창궐한 현장에 계셨다면 교회
에 모여 예배드리는 우리 모습을 보고 이렇게 말씀하지 않
으셨을까요?

"이 외식하는 자들아! 지금 너희 때문에 고통당하고 힘들
어하는 사람들이 보이지 않느냐? 그리고 세상이 우리 주 여
호와 하나님을 비난한다면 그것이 합당하겠느냐?"

오해하지 마십시오! 제가 틀릴 수도 있습니다. 저 역시 텅
빈 예배당을 바라보며 설교하면서 얼마나 가슴이 아프고 눈
물을 많이 흘렸는지 모릅니다. 우리가 주일에 교회에서 예
배를 드리지 않는 것이 옳다는 말이 결코 아닙니다. 단지 우
리가 교회에 모여 예배드리려고 하는 마음 그 이면을 적나
라하게 들여다보자는 말입니다. 어떻게 드리는 것이 진정
한 예배인지 생각해 보자는 말입니다. 지금 이 시간에 성령
님이 임재하셔서 교회를 교회 되게 하신다면 어떻게 하실까
생각해 보자는 것입니다.

나눔이 일으키는 놀라운 변화

초대교회에 성령이 임했을 때, 그들은 단순히 하나님께

예배만 드리지 않고 자신의 재산을 내어놓고 나누었습니다.

또 재산과 소유를 팔아 각 사람의 필요를 따라 나눠 주며

행 2:45

우리는 간혹 선행을 하면서 착각합니다. 내가 돕는 것이니 내 뜻대로 해도 된다고 생각하는 것입니다. 그런데 초대교회는 달랐습니다. 그들은 자신의 소유를 팔아서 자기 마음대로 나누지 않았습니다. "각 사람의 필요를 따라" 나누었습니다.

이것이 성령이 임재하시는 증거입니다. 성령의 임재는 이기적이던 나를 이타적으로 만듭니다. 성령의 임재는 내게로만 향해 있던 시선을 세상으로 돌려 외면받는 곳을 보도록 인도합니다. 성령의 임재는 나의 아픔을 넘어서 다른 사람의 아픔을 느끼도록 인도합니다. 성령이 임재하는 가장 명확한 표징은 서로를 향하게 만드는 것입니다. '서로'가 누구입니까? 교회 안에 있는 지체만이 아닙니다. 교회 밖에 있는, 믿지 않는 사람들을 포함합니다. 성령의 임재는 우리 교회 공동체를 가장 예수님 닮은 공동체로 만들어 갑니다. 반대로 교회가 타락하고, 문제가 생기고, 썩은 냄새가 날 때는 주님과 멀어졌다는 증거입니다.

스캇 솔즈(Scott Sauls)의 《선에 갇힌 인간, 선 밖의 예수》에

아주 멋진 표현이 나옵니다.

"스스로 가난해지는 것보다 더 확실하게 가난한 사람들의 존엄성을 지지할 방법은 없을 것이다."

나눔은 스스로를 가난하게 만드는 최적의 방법입니다. 예수님은 공생애를 시작하면서 마치 취임 연설과 같은 말씀을 하십니다. 앞으로 자신의 계획을 설명하는 것처럼 말이지요.

> 18 주의 성령이 내게 임하셨으니 이는 가난한 자에게 복음을 전하게 하시려고 내게 기름을 부으시고 나를 보내사 포로 된 자에게 자유를, 눈 먼 자에게 다시 보게 함을 전파하며 눌린 자를 자유롭게 하고 19 주의 은혜의 해를 전파하게 하려 하심 이라 하였더라 눅 4:18-19

이때 대척점에 섰던 자들이 있습니다. 기득권을 유지하고자 했던 사람들로 병자와 가난한 자, 사회 변방에 있는 자들에게 손을 뻗는 수고를 원치 않았습니다. 이들에게 '우리'와 '서로'는 자신과 동일한 생각과 권력을 가진 사람들이었습니다. 이들을 바라보며 세상은 두려움도, 경외심도 가지지 않았습니다.

세상 사람들을 두렵게 만든 성령님의 능력은 무엇일까요? 초대교회 사람들의 관점을 바꿔 놓은 것은 무엇일까요? 자기 유익만 생각했을 때는 어떤 변화도, 영향력도 존재하지 않았습니다. 그런데 성령님이 공동체와 세상, 그리고 부족한 사람들의 필요를 보게 하시니 초대교회 공동체의 관점이 바뀌었습니다.

그 결과 지금까지의 방식과는 다른 나눔의 역사가 일어났습니다. 이전에는 내가 내 것을 가지고 누군가에게 베푼다고 생각했는데, 이제는 내 소유를 주님의 것으로 인정하기 시작했습니다. 그러니 주님 앞에서 내 소유가 주님의 뜻대로 사용되기를 원하는 믿음의 고백을 하게 되었습니다. 또한 가진 것을 내 마음대로 사용하는 것이 아니라 그들의 필요를 따라 나누기 시작했습니다. 똑같은 물질과 나눔인데 이전과는 달리 세상을 두렵게 하는 역사가 일어났습니다.

나눔이 무언가를 얻는 도구가 되어서는 안 됩니다. 자랑, 위안, 칭찬, 명성 같은 것들이 나눔의 목적이라면 사람들의 진정한 아픔이 보이지 않습니다. 그런데 나의 나눔을 통해 그가 받을 기쁨과 평안, 하나님 나라의 다스림을 기대하고 보기 시작하면 완전히 새로운 결과가 나타날 것입니다. 그것이 무엇입니까? 하나님을 찬미하며 온 백성에게 칭송을 받고 구원받는 사람을 날마다 더하는 것입니다(행 2:47).

좋은 예가 될 것 같아서 《선에 갇힌 인간, 선 밖의 예수》에 나오는 이야기를 소개합니다. 스캇 솔즈의 고백입니다.

"뉴욕에서 살 때 하루는 나의 일을 골똘히 생각하며 브로드웨이를 걷던 중 한 빵집에 있던 여인이 내게 먹을 것을 사

달라고 부탁했다. 그녀는 길거리에서 사는 노숙자로 자주 보던 얼굴이었다. 그녀는 예수님처럼 머리를 누일 곳이 없었다. 그녀를 돕고 싶었던 나는 베이글 하나와 커피 한 잔을 사주려고 했다. 그러자 그녀는 커피는 좋지만 베이글보다는 달걀 샐러드가 좋겠다고 말했다. 나는 빙그레 웃으며 '얼마든지요'라고 대답했다.

하지만 속으로는 웃지 않았다. 솔직히 그 요구가 썩 기분 좋지 않았다. 가던 길을 멈추면서까지 도와주는 사람에게 까다롭게 구는 것이 무례하게 느껴졌다. '내가 뭘 주든 감사히 먹을 것이지!' 게다가 베이글은 57센트지만 달걀 샐러드는 6달러였다. 그날 그 여인에게 커피와 달걀 샐러드를 사줄 때 내 머릿속에서 이루어진 대화를 지금도 생생히 기억한다. 그녀의 요청에 짜증난 나는 그녀에게 빈정거리는 상상을 했다. '아예 캐비어를 사 드릴까요?' 악한 말을 입 밖으로 내지 않아서 얼마나 다행인지 모른다.

내가 커피와 달걀 샐러드를 건네자 여성은 달걀 샐러드를 요청해서 미안하다고 사과했다. 그러면서 이와 잇몸이 상해서 베이글처럼 딱딱한 음식을 씹으면 통증이 극심하기 때문에 부드러운 음식밖에 먹을 수 없다고 설명했다. 비록 그 사정을 잘 알지 못해서 그런 것이지만 냉담하고 비판적으로 굴었던 것이 하나님께 너무도 죄송했다. 내가 그 옛날 예수님을 벼랑 아래로 밀어 버리려고 했던 사람들과 다를 바 없다는 생각이 들었다.

그 순간 진정으로 가난한 사람은 그 여성이 아니라 나였는지도 모른다. 특권을 가진 사람들은 특권층의 삶이 어떤 것인지 짐작조차 못 하는 사람들에게 좀처럼 공감하지 못한다. ⋯ 예수님은 주는 자가 받는 자보다 복 되다고 말씀하신다. 나누어 줄 때 받는 자와 접촉할 수 있기 때문이다. 거리에서 달걀 샐러드를 원한 그 여성을 만난 덕분에 내 인생이 크게 바뀌었다.

그 짧은 대화를 통해 내 이와 잇몸은 멀쩡하지만 내 안에 망가지고 상한 구석이 많아서 주님의 떡이라는 값비싼 부드러운 음식과 주님의 잔에 담긴 값비싼 보혈을 필요로 한다는 사실을 새롭게 깨달았다."

나눔을 도구로 구원 사역을 이루어 가신다

초대교회에 구원이 임했습니다. 분명한 부흥이 있었습니다. 하루에 3천 명, 5천 명이 회개하고 교인이 되었습니다. 그런데 성경은 단순히 늘어나는 숫자에 주목하지 않습니다. 이렇게 사람이 불어난 것은 교회가 한 일이 아니라 하나님이 하신 일이라고 기록하고 있습니다.

하나님을 찬미하며 또 온 백성에게 칭송을 받으니 주께서 구원받는 사람을 날마다 더하게 하시니라 **행 2:47**

단순히 사람이 늘어난 게 아닙니다. "구원받는 사람"이 늘어났습니다. 초대교회가 나누지 않았다면 이런 일이 일어날 수 있었을까요? 여기에서 나눔은 특정 행동을 의미하지 않습니다. 성령님은 교회가 하나님의 마음으로 살도록 하셨습니다. 이를 위해 지금 예루살렘 공동체에 필요한 일, 하나님의 마음을 가지고 해야 하는 일이 나눔이라고 생각하신 것입니다. 즉 성령님은 초대교회의 나눔을 도구로 사용하셔서 구원 사역을 이루어 가셨습니다.

어떤 사람들은 교회에서 물질 이야기를 하면 세속적이라고 말합니다. 그렇지만 물질만큼 우리가 어떤 존재인지를 극명하게 드러내는 것은 없습니다. 물질 사용은 우리 삶의 전인적인 변화에서 오기 때문입니다. 그가 어떤 사람인지는 돈의 사용처를 보면 명확하게 알 수 있습니다.

마틴 로이드 존스는《진정한 기독교》에서 기독교를 오해하는 대중적인 시각 몇 가지를 소개하고 있습니다.

첫째, 단순히 지적인 영역에서 기독교를 이해하는 사람들입니다. 이들은 전통적인 기독교의 가르침을 알고 가르치고 숙고하는 것이 의무라고 믿으며, 기독교를 연구하는 것을 큰 즐거움으로 삼습니다. 이들은 신앙을 지적 취미 정도로 생각하며 때로는 논쟁을 즐기기도 합니다.

둘째, 단순히 감정의 문제로 기독교를 이해하는 사람들입니다. 이들은 자신이 경험한 평안이나 사랑, 행복 같은 감정들을 최고의 가치로 여기며 신앙생활을 할 뿐 공부하거나 연구하려고 하지 않습니다.

셋째, 전적으로 의지를 강조하는 사람들입니다. 이들은 살아가는 방식에 초점을 맞춥니다. '인류에게 어떤 유익을 줄 것인가?' '타인을 위해 희생할 준비가 되어 있는가?'가 기독교인의 표식이라고 생각합니다. 이러한 욕망은 정치적 또는 사회봉사의 영역으로 표출될 수 있습니다.

넷째, 모태신앙인이나 어려서부터 신앙인으로 자라난 사람들이 취하는 견해로, 신앙생활을 마지못해서 또는 두려워서 하는 의무 정도로 생각하는 것입니다. 그들에게 기독교는 부정적인 것, 금지하며 제한하는 것입니다. 그들은 의무감으로 종교의식에 참여합니다.

그러나 이런 것들은 진정한 기독교라 할 수 없습니다. 말씀을 통해 드러난 진정한 기독교의 표식은 '날마다 구원받는 숫자를 더하는가'에 있습니다. 마틴 로이드 존스는 여기에 대해서 이렇게 덧붙입니다.

"진정한 기독교는 생명과 능력과 자기 포기로 충만합니다. 진정한 기독교는 바로 하나님의 행동이기 때문입니다. 진정한 기독교는 하나님의 성령의 역사입니다. 이 성령은 하나님께서 이 세상에서 당신의 목적을 이루시기 위해 교회에 보내셨습니다."

진정한 그리스도인과 그렇지 못한 사람들의 차이는 '구원받았다'라는 말에 있습니다. 나눔은 구원받은 자의 삶을 통해 나오는 행위이기 때문에 능력이 있고, 사람들을 두렵게 합니다.

성령님이 초대교회 공동체에 임했을 때 벽이 허물어지고 서로가 하나되는 역사 가운데 구원 사역이 나타났습니다. 에베소서에서 '교회론'을 잘 설명하고 있습니다.

> 13 이제는 전에 멀리 있던 너희가 그리스도 예수 안에서 그리스도의 피로 가까워졌느니라 14 그는 우리의 화평이신지라 둘로 하나를 만드사 원수 된 것 곧 중간에 막힌 담을 자기 육체로 허시고 엡 2:13-14

초대교회 교인들이 성령을 체험한 후 이런 나눔의 삶을 살 수 있었던 가장 큰 이유 중 하나를 '임박한 종말 사상'으로 설명합니다. 하나님을 경험한 이들은 하나님 나라를 소망했습니다. 그리고 그 하나님 나라가 곧 오리라고 믿었기에 세상이 가지고 있는 가치들을 그리 소중하게 여기지 않았습니다. 그들에게 물질은 온전히 하나님 나라를 위해 쓰이는 도구였습니다. 그런데 놀랍게도 이런 생각이 그들이 사는 세상을 바꾸기 시작했습니다.

흔히 잘못 생각하는 것이 있습니다. 그동안 교회 역사 가운데 얼마나 많은 이단이 있었습니까? 이단의 아주 보편적인 형태가 임박한 종말을 선포하고 정해진 시간을 기다리는 것이었습니다. 이단은 초대교회처럼 자신의 재산을 다 팔아 함께 모여 공동생활을 했습니다. 그런데 이단과 초대교회의 분명한 차이점이 있습니다. 이단은 자기들만을 위해서 모인다는 것입니다. 그들은 자기들만의 공동체를 이루어 이웃과의 관계를 단절했습니다.

그러나 하나님의 구원 사역은 '나' 그리고 '우리 공동체'에 그치지 않습니다. 하나님의 마음은 세상을 향해 있습니다. 임박한 종말 사상은 우리를 위해 존재하는 것이 아닙니다. 이 땅을 하나님 나라로 바꾸어 가는, 구원받은 사람들의 분명한 표증입니다. 하나님 나라를 이루지 못하는 사람에게 물질은 욕심이고, 단지 돈에 불과합니다.

이 말씀을 보면서 이렇게 생각할 수 있습니다. '그럼 나도 가진 재산을 다 팔아서 나와야 한다는 말인가?' 그런데 세상이 교회가 돈이 많다고 놀라고 두려워합니까? 오히려 교회가 많은 재산을 가졌을 때 세상은 손가락질하고 비난합니다. 문제는 얼마를 갖고 나오느냐가 아닙니다. 우리가 얼마를 소유하고 있느냐도 아닙니다. 만약 재산과 헌금을 교회에 축적하고 자기들을 위해 사용한다면 그 교회는 하나님의 백성이 아닐뿐더러 헌금의 이유와 가치도 존재하지 않는 것입니다. 하나님 나라를 이루지 못하는 물질은 그저 욕심 덩어리일 뿐입니다.

우리가 사는 세상을 보세요. 지금은 우리가 교회에 내놓은 헌금으로는 어려운 사람을 구제하기도 쉽지 않습니다. 코로나19 사태로 여기저기서 도움의 손길을 모았습니다. 교회도 많은 헌금을 모아 도움을 주었습니다. 그런데 한 기업은 300억을 내놓고, 여러 유명인이 수억 원의 돈을 내놓았습니다. 이 액수들은 교회가 한 헌금과 비교할 수 없이 큽니다. 이런 세상의 자원과 비교하면 교회가 돕겠다고 내놓은 헌금으로 얼마나 큰일을 할 수 있겠습니까?

여기 중요한 사실이 있습니다. 교회와 그리스도인들은 단순히 돈으로 누구를 돕는 일이 아니라 세상을 바꾸고 구원 사역을 이루는 일을 해야 한다는 것입니다. 세상은 교회가 많은 돈으로 일하는 모습을 보고 두려워하지 않습니다. 교회가 보여 줘야 하는 것은 액수의 문제가 아닙니다. 세상은 교회가 돈의 가치를 어디에 두고 있는지, 그리스도인이 돈을 어떻게 쓰는지를 바라보며 두려워합니다. 그렇기에 우리는 하나님 나라를 바라고, 임박한 종말을 기다리며 살아가는 모습을 세상에 보여 줘야 합니다.

세상 사람들은 십일조를 조롱합니다. 교회가 돈을 바라고 모은다는 것입니다. 그러나 십일조는 하나님 앞에 내 재정이 어떻게 쓰여야 하는지 믿음으로 고백하는 행위입니다. 성령님께 쓰임받는 공동체가 되기 위하여 나누는 것입니다.

만나교회는 2017년부터 '한셈치고' 프로젝트를 진행했습니다. 성도들이 밥을 먹은 셈 치고, 커피를 마신 셈 치고, 여행을 간 셈 치고 다른 누군가를 위해 그 돈을 사용하는 것입니다. 지금까지 이웃의 수술 지원, 선교사 지원, 비전트립 지원, 유가족 지원 등을 했습니다. 우리가 누릴 수 있는 작은 권리 하나를 포기함으로써 하나님의 복음을 전하는 일을 한 것입니다.

우리가 '한셈치고'와 감사헌금을 하는 이유는 이런 나눔을 통해 하나님 나라 백성의 삶이 무엇인지 연습하기 위함입니다. 제가 만나교회 목회를 하면서 꿈꿨던 것이 있습니다. 목회자로서의 기준이기는 하지만 이상적인 교회 재정 지출 비율을 이루어 가는 것입니다. 올바른 돈의 사용과 흐름이 그 교회와 단체 그리고 사람이 어떤지 보여 주기 때문입니다.

나누지 않았더라면 초대교회 공동체는 성령님께 쓰임받지 못했을 것이며, 두려움과 경외심으로 교회를 바라보는 사람들도 만들지 못했을 것입니다. 이들의 나눔으로 하나님이 초대교회에 구원받는 숫자를 더하셨다는 것이야말로 교회의 교회다움을 보여 주는 일이 아닐까요?

3장

인정받고 싶은 게
잘못인가요?

◌ "열심히 봉사해도 목사님이 칭찬 한마디 없고, 사람들이 알아주지도 않아 상처받았어요. 교회에 나가기 싫습니다. 인정받고 싶은 게 잘못인가요?"

1 아나니아라 하는 사람이 그의 아내 삽비라와 더불어 소유를 팔아 2 그 값에서 얼마를 감추매 그 아내도 알더라 얼마만 가져다가 사도들의 발 앞에 두니 3 베드로가 이르되 아나니아야 어찌하여 사탄이 네 마음에 가득하여 네가 성령을 속이고 땅 값 얼마를 감추었느냐 4 땅이 그대로 있을 때에는 네 땅이 아니며 판 후에도 네 마음대로 할 수가 없더냐 어찌하여 이 일을 네 마음에 두었느냐 사람에게 거짓말한 것이 아니요 하나님께로다 5 아나니아가 이 말을 듣고 엎드러져 혼이 떠나니 이 일을 듣는 사람이 다 크게 두려워하더라 6 젊은 사람들이 일어나 시신을 싸서 메고 나가 장사하니라 7 세 시간쯤 지나 그의 아내가 그 일어난 일을 알지 못하고 들어오니 8 베드로가 이르되 그 땅 판 값이 이것뿐이냐 내게 말하라 하니 이르되 예 이것뿐이라 하더라 9 베드로가 이르되 너희가 어찌 함께 꾀하여 주의 영을 시험하려 하느냐 보라 네 남편을 장사하고 오는 사람들의 발이 문 앞에 이르렀으니 또 너를 메어 내가리라 하니 10 곧 그가 베드로의 발 앞에 엎드러져 혼이 떠나는지라 젊은 사람들이 들어와 죽은 것을 보고 메어다가 그의 남편 곁에 장사하니 행 5:1-10

아, 인정받고 싶다!

우리 주변에는 인정받지 못해 상처받은 사람들이 참 많습니다. 인정받기 위해 애쓰는 모습도 많이 볼 수 있습니다. 처음에는 하나님만 바라보고 봉사했는데 시간이 지나면서 인정을 못 받았다며 섭섭해하고 그 감정이 점차 분노로 발전하는 모습을 봅니다. 문제는 이 인정의 욕구로 인해 단순히 상처받는 것에 그치지 않고, 하나님을 거스르는 죄를 지을 수도 있다는 것입니다. '인정 욕구'가 우리를 참 힘들게 합니다. 묵상 팀의 한 권사님이 이런 이야기를 나눠 주었습니다.

"아는 권사님이 3년 정도 사비를 들이기도 하면서 한 사역을 잘 감당했습니다. 힘들다고 내색도 별로 하지 않는 분이었고 다른 힘든 일이 있을 때도 묵묵히 잘 해냈습니다. 하나님의 인정과 위로만 있으면 된다고 생각했던 권사님이었지만, 사역의 끝 무렵에는 조금 힘들어 보였습니다.
권사님이 목사님께 기도를 받던 중에 하나님께서 말씀하시듯이 '딸아 내가 너의 수고와 헌신을 다 보았다' 하는 말을 듣고 펑펑 울었다고 합니다. 하나님의 인정이 외로움과 힘듦을 다 어루만졌던 것입니다.
하나님의 일을 할 때 하나님의 인정과 믿는 자들의 격려와

지지가 동시에 있어야 지치지 않고 협력해서 잘해 나갈 수 있음을 봅니다."

우리는 하나님 앞에서 헌신한다고 하지만, 정작 사람들에게 인정받지 못하는 것 때문에 무척 힘들어합니다. 누군가의 헌신을 인정하고 격려하는 것도 분명히 중요한 일입니다. 문제는 사람의 격려와 칭찬만으로는 인정의 욕구가 잘 채워지지 않는다는 것입니다. 누구도 내가 생각하는 것만큼 채워 주지 않으니 갈급합니다. 반대로 우리가 생각하는 것 이상으로 과도한 인정을 받으면 자신의 주제를 모르고 교만해지기도 합니다.

나쁜 짓을 하고 나서 인정받으려는 사람은 아무도 없습니다. 선한 일, 선한 의도로 시작하지만 이것을 인정받지 못할 때 많이 서운해합니다. 우리 주변에서 일어나는 일은 대개 선한 의도에서 출발하지만 반드시 선한 결과를 만들어 내지는 않는 것 같습니다.

그런데 가만히 생각해 보면 선한 의도에도 문제가 있습니다. 사실 그 의도가 선하지 않은데 선한 척 가장할 때도 있기 때문입니다. 그 속에 있던 추악한 모습을 잠시 감출 수 있을지는 모르지만 시간이 지나면 드러나게 되어 있습니다. 선한 일이었다고 자신은 말하지만, 진정한 동기는 그 일을 통해 인정받으려는 이기적인 마음이었으니 말입니다. 인간

사에서도 그러할진대, 하나님 앞에서 행하는 일들이야 더욱 그러하지 않겠습니까?

저도 이 부분에서만큼은 피해갈 수 없을 것 같습니다. 오래전에 제가 했던 설교입니다.

"어느 날 제가 사무실에 있을 때 전화가 왔습니다. 저희 교회 성도인 최신희 권투 선수가 '목사님, 오늘 세계 타이틀전 하는데 와서 기도해 주세요'라고 했습니다. 저는 난생처음 권투장, 그것도 관계자들만 들어간다는 라커룸에 갔습니다. 그곳에는 최신희 선수뿐 아니라 코치와 여러 스텝이 함께 있었습니다. 모두가 지켜보는 자리에서 저는 최신희 선수 머리에 손을 얹고 기도했어요. 뭐라고 했겠습니까? '하나님, 이기게 해 주옵소서!'라고 기도하고 권투를 관람했습니다. 그런데 최신희 선수가 1회전부터 맞았습니다. 저는 앉은 자리에서도 열심히 기도했습니다. 계속 기도했는데 졌습니다. 제가 며칠을 고민했습니다. 왜 졌는지 이해되지 않았습니다. 그런데 그때 하나님이 제게 이렇게 물으셨습니다.

'왜 이겨야 하는데?'

저는 속으로 하소연하듯 말했습니다.

'제가 기도했잖아요. 사람들 다 보는 데서….'

담임목사가 경기장까지 가서 기도했는데 그 선수가 진 건제 자존심 문제였습니다."

저도 참 인정이 중요하던 사람이었습니다. 하나님이 행하시는 일과는 별개로 내가 한 일이 의미 있어야 한다고 생각했던 것이지요. 몇 주 전에는 이런 일도 있었습니다. 부목사님들과 함께 축구 경기장을 방문했습니다. 우리 교회 성도인 송범근 선수가 속한 팀을 응원하기 위해서였습니다. 당시 송범근 선수의 팀이 일곱 경기 연속 승리하지 못한 상황이었기 때문에 간절히 기도했습니다. 그런데 그날 송범근 선수의 팀이 5대 1이라는 점수 차로 승리했습니다! 그때 제가 경기장을 나서며 이런 생각을 했습니다.

'역시, 담임목사가 직관을 하니 이기는군! 체면이 서네.'

그들은 왜 죄에 눈이 멀었는가

우리는 아나니아와 삽비라 사건을 보며 몇 가지를 생각해봐야 합니다.

첫째, 그들은 왜 소유를 팔아 제자들의 발 앞에 두었을까요? 이들이 어떤 마음으로 이런 행동을 했을까요? 이것을 알기 위해 우리는 앞에 어떤 일들이 있었는지 살펴볼 필요가 있습니다. 먼저 사도행전 2-4장에서 성령을 경험하고 공동체를 이룬 초대교회 사람들이 각자의 필요를 따라 나누는 역사가 일어났습니다. 그리고 결정적으로 아나니아와 삽비라 사건 직전에 이런 일이 있었습니다.

> 32 믿는 무리가 한마음과 한뜻이 되어 모든 물건을 서로 통용하고 자기 재물을 조금이라도 자기 것이라 하는 이가 하나도 없더라 33 사도들이 큰 권능으로 주 예수의 부활을 증언하니 무리가 큰 은혜를 받아 34 그중에 가난한 사람이 없으니 이는 밭과 집 있는 자는 팔아 그 판 것의 값을 가져다가 35 사도들의 발 앞에 두매 그들이 각 사람의 필요를 따라 나누어 줌이라 36 구브로에서 난 레위족 사람이 있으니 이름은 요셉이라 사도들이 일컬어 바나바라 (번역하면 위로의 아들이라) 하니 37 그가 밭이 있으매 팔아 그 값을 가지고 사도들의 발 앞에 두니라 행 4:32-37

바나바라는 인물이 밭을 판 값을 사도들 발 앞에 두었습니다. 바나바는 이 일로 초대교회 사람들의 존경을 받습니다. 문맥을 생각해 봤을 때 아나니아와 삽비라가 바나바를 부러워했던 것 같습니다. 그래서 그들도 재산을 팔아 제자들 발 앞으로 가져온 것입니다.

둘째, 그렇다면 그들은 왜 하나님을 속였을까요? 당시 초대교회는 성령의 역사가 아주 강하게 일어나고 있었습니다.

그런 가운데 성령님을 속인다는 것은 쉽게 생각할 일이 아닙니다. 베드로가 아나니아와 삽비라에게 묻습니다.

> 베드로가 이르되 아나니아야 어찌하여 사탄이 네 마음에 가득하여 네가 성령을 속이고 땅 값 얼마를 감추었느냐 행 5:3

여기에 중요한 단서가 하나 나옵니다. 아나니아와 삽비라의 마음에 사탄이 가득했다는 것입니다. 사탄이 마음에 가득하면 성령을 속일 수 있습니다.

저는 이 말씀을 단서로 그동안 이해하기 힘들었던 사건들을 이해할 수 있었습니다. 소위 성령의 사람들, 즉 하나님이 아주 강하게 사용하시던 사람들에게서 '죄' 문제가 나타나는 것을 종종 보게 됩니다. 한때는 강한 성령의 임재 가운데 신유와 부흥의 역사를 경험하던 많은 교회와 단체가 도덕적으로 타락하고 마는 안타까운 일들도 벌어졌지요. 실제 그 안에 어떤 일들이 있었는지 정확히는 알 수 없지만 말입니다.

그런데 말씀에 근거해 보니 성령의 역사가 사라지는 것이 아니라, 강력한 역사 가운데도 사탄이 가득하면 성령을 속일 수 있는 용기가 나타나는 모양입니다. '눈을 멀게 한다'라는 표현이 이럴 때 쓰이는 말입니다. 눈이 멀지 않고서야 그렇게 강력하게 성령의 역사가 일어나는 현장 한가운데서 담대히 성령님을 속일 수 있겠습니까?

여기까지 생각해 보니 어떤 순서가 그려집니다. 처음 아나니아와 삽비라에게 들어온 것은 인정받고자 하는 마음이었습니다. 그러나 그 욕망 가운데 사탄이 찾아와 마음을 어둡게 가렸고, 마침내 성령님을 속이게 되었습니다. 중요한 사실은 우리가 성령 충만함으로 담대할 수도 있지만, 악한 영이 우리 안에 들어왔을 때도 담대하게 성령님을 거스를 수 있다는 것입니다.

아나니아와 삽비라의 이야기를 묵상하면서 이런 질문을 해 봅니다. '어떻게 하면 우리 마음속에 잘못된 욕망이 자리 잡지 못하게 할 것인가?' 이들 부부에게는 자신의 재산을 팔아 가난한 사람들에게 나누어 줄 만큼 자비의 마음이 없었습니다. 그런데 다른 사람들처럼 인정은 받고 싶었습니다. 존 파이퍼(John Piper)가 이런 말을 했습니다.

"우리가 하나님 안에서 가장 만족할 때 하나님은 우리 안에서 가장 큰 영광을 받으신다."

종종 범하는 신앙의 오류가 있습니다. 우리가 가진 것으로 하나님을 만족시키려는 시도입니다. 하지만 우리가 어떻게 하나님을 만족시켜 드릴 수 있겠습니까? 우리는 종종 스스로의 노력으로 하나님께 영광을 돌리려 합니다. 하지만 어떤 노력이 하나님을 영광스럽게 할 수 있을까요?

어린아이가 아버지의 생일을 맞아 선물을 준비합니다. 아무리 생각해도 아버지를 기쁘게 할 선물을 준비할 능력이 없습니다. 그래서 돈을 훔쳐서라도 아버지가 기뻐할 만한 비싼 물건을 사야겠다고 생각합니다. 이런 시도가 아버지를 기쁘게 할 수 있을까요? 이런 불의한 행동으로 아버지를 위하는 것이 칭찬받을 만한 행동일까요?

받은 능력보다 더 인정받으려는 마음

예수님이 택하신 열두 제자 중 누구도 재산을 팔아 가난한 사람들에게 나누어 주었다는 말씀은 없습니다. 이들은 이미 재산을 버리고 고향을 떠났거나, 애초에 가난한 가정에서 태어나 가진 재산이 없었을 것입니다. 예수님은 그들이 많이 가진 자들이어서 사용하신 것이 아닙니다. 단지 필요를 따라 그들을 도구로 사용하셨습니다.

한번 상상해 봅시다. 과연 초대교회의 구성원 중에는 부자와 가난한 사람 누가 더 많았을까요? 부자보다는 가난한 사람이 더 많지 않았겠습니까? 그들이 재산을 팔아 가난한 사람의 필요를 따라 나눴다고 했는데, 그렇다면 재산을 내놓는 사람이 많았을까요, 도움을 받는 사람이 많았을까요? 제 생각에는 도움받는 사람이 더 많았을 것 같습니다. 이것이 무엇을 의미할까요? 살다 보면 꼭 성령의 역사가 아니어도 태생적으로 긍휼의 마음, 측은지심을 가진 사람이 있습니다. 이런 사람은 신앙의 여부와 상관없이 이웃을 잘 돕습니다. 반면에 성령 충만하고 믿음이 좋아도 긍휼은커녕 자기 것 챙기기에 급급한 사람도 있습니다. 어떤 사람은 돈에 집착하기도 하지만, 또 어떤 사람은 물질을 그렇게 중요한 가치로 삼지 않기도 합니다.

즉 하나님이 우리를 쓰시는 방법이 다릅니다. 타고난 은사가 다릅니다. 그래서 어떤 사람은 물질로, 어떤 사람은 재능으로 교회를 섬기는 것입니다.

> 4 은사는 여러 가지나 성령은 같고 5 직분은 여러 가지나 주는 같으며 6 또 사역은 여러 가지나 모든 것을 모든 사람 가운데서 이루시는 하나님은 같으니 7 각 사람에게 성령을 나타내심은 유익하게 하려 하심이라 … 11 이 모든 일은 같은 한 성령이 행하사 그의 뜻대로 각 사람에게 나누어 주시는 것이니라 12 몸은 하나인데 많은 지체가 있고 몸의 지체가 많으나 한 몸임과 같이 그리스도도 그러하니라 고전 12:4-12

고린도교회만큼 온갖 문제를 가진 교회가 있었을까요? 그런데 가만히 생각해 보면 우리도 그에 못지않은 문제가 많습니다. 하나님의 일을 하면서도 시기하고 자랑하고 성내지요. 그러니 교회가 분열하고 무너집니다.

기억해야 하는 것은 성령께서 우리에게 동일한 은사를 주신 것이 아니라는 사실입니다. 우리는 다 처한 환경도, 받은 은사도 다릅니다. 하나님은 그에 맞도록 각자 다른 일을 하게 하셔서 온전한 그리스도의 몸을 이루십니다.

묵상 팀의 한 청년이 제 예전 설교를 소환했습니다.

> "김병삼 담임목사님이 처음 목회를 시작하실 때 악기를 잘 다루는 사람이나 찬양을 잘하는 사람이 부러웠다고 합니다. 그런데 이것을 부러워하거나 시기하지 않고, 재능을 가진 다양한 사람들을 세우고 인정하다 보니 여러 사람이 모여 각자의 재능으로 풍성한 헌신을 드리는 공동체가 되었다고 합니다.
>
> 저는 이 일화에서 나 혼자만 인정받으려고 하지 않고, 서로의 달란트를 인정하고 세우고 양보할 때 더 나은 헌신의 모습이 만들어질 수 있다는 것을 배웠습니다."

우리는 하나님이 내게 주신 은사를 소중히 여기면서 동시에 다른 사람의 은사를 존중해야 합니다. 문제는 다른 사람의 은사를 부러워하고, 자신에게 주어진 사명을 하찮게 여기기 때문에 생깁니다. 아나니아와 삽비라에게 바로 그런 일이 일어났습니다. 그들은 자신에게 주어진 은사가 아닌 다른 것으로 인정받으려고 했습니다. 만약 이들 부부의 마음에 인정받으려는 욕망이 자리잡지 않았다면 어땠을까요? 하나님이 이들을 더 귀하게 사용하실 수 있지 않았겠습니까?

그런 의미에서 '인정'이란 '교만'과 일맥상통하는 단어가 아닐까요? 자신이 가지지 않았는데, 자격이 되지 않는데 취하려고 하는 것이지요. 어쩌면 하나님의 자리를 대신하려는 시도일 수도 있습니다. 또 인정 욕구는 시기심에서 비롯되었다는 생각을 합니다. 우리는 시기심이 얼마나 무서운 죄인지 간과하기 쉽습니다. 그러나 시기심은 하나님의 다스림을 역행하는 죄입니다. 은사와 연관 지어 생각해 봤을 때, 시기심은 하나님이 결정하고 부여하신 것에 불만을 품고 자신의 능력을 넘어서는 야심에서 출발하는 것이니 말입니다. 신앙생활을 하면서 힘든 것 중 하나가 하나님과 나 사이의 관계에 온전히 집중하는 것입니다. 사실 우리에게 시기심만 없다면 이것이 어렵지 않습니다. 이 문제는 우리가 평생 안고 가야 하는 내적인 싸움이기도 합니다.

요한복음 21장 18절 이하 말씀을 보면 부활하신 예수님이 갈릴리 바다에서 고기를 잡고 있던 베드로에게 찾아오셔서 "네가 나를 사랑하느냐"고 세 번 물으신 장면이 나옵니다. 베드로의 고백을 들으신 주님은 다시 한번 사명을 주셨습니다. 또한 그가 사명자가 되어 살다가 순교하리라고 알려 주셨습니다. 그런데 그때 베드로가 주님께 묻습니다. 주님께서 사랑하시는 제자 요한은 어떻게 되겠느냐고 말입니다. 주님의 대답입니다.

> … 네게 무슨 상관이냐 너는 나를 따르라 하시더라 요 21:22

거룩한 사명을 받은 베드로이지만 그는 지금 자신과 같이 예수님을 따랐던 사람, 때로는 자기보다 더 주님께 사랑받았던 것 같은 요한이 어떻게 죽을까가 더 궁금합니다. 그런 베드로에게 주님은 "그것은 네 알 바가 아니다" 말씀하십니다. 이 말씀은 아주 중요한 영적 통찰을 우리에게 줍니다.

주님은 우리 각자에게 믿음의 분량대로 사명을 맡겨 주셨고, 하나님 나라를 만들어 가는 일꾼으로 부르셨습니다. 우리는 부르신 자리에서 어떻게 충성된 종으로 살아갈지 고민하며 길을 찾아야 합니다. 그런데 자꾸 내가 가지지 못한 것에 관심을 갖기 시작하면 사명도 잃고, 사탄의 유혹에 빠지게 됩니다.

한 가지 예를 들어 보겠습니다. 대부분의 목회자는 누구보다 설교를 잘하고 싶어 합니다. 위대한 설교자를 보면 나도 저렇게 쓰임받고 싶다는 마음이 앞섭니다. 그러다 보니 때로는 이런 생각도 합니다. 다른 목사의 설교와 내 설교를 비교하는 것입니다. 그러면서 '아, 저 사람보다는 내가 낫군' 합니다. 자기보다 못하다고 생각하는 사람이 영향력 있게 쓰임받으면 못마땅해 합니다. 문제는 이 불만이 내면에서 그치지 않는 것입니다. 시기심으로 상대방을 험담하고 상황을 나쁘게 몰아갑니다.

서구 사회에서 빌리 그레이엄(Billy Graham) 목사야말로 누구나 본받고 싶어 하는, 영향력 있는 목회자로 꼽힙니다. 그의 후계자를 꿈꾸는 사람들도 많은 것 같습니다. 한때 한국에서도 비슷한 분위기가 있었습니다. 많은 목회자가 '제2의 조용기'를 꿈꾸며 그의 설교를 흉내 내곤 했습니다. R. T. 켄달(Kendall)이 《하나님을 열망하다》에서 했던 말을 기억할 필요가 있습니다.

"우리는 두 가지 사실을 추가로 받아들여야 한다. 하나는 우리에게 주어진 기름 부으심의 분량 혹은 한계, 또 하나는 우리가 미칠 수 있는 영향력의 분량 혹은 한계다. 어떤 사람이 빌리 그레이엄보다 더 잘 설교할 수 있지만 그보다 더 큰 영향력을 미치지 못하는 이유는 간단하다. 주권적인 하나님의 결정 때문이다. 그들은 그 문들을 열거나 깨뜨리고 나가서 더 유명해지거나 더 크게 쓰임받으려 애쓸 수는 있지만, 솔직히 말하자면 그것은 스스로를 기만하는 것이나 다름없다."

참 받아들이기 힘들지 모르지만, 하나님은 내게 어떤 재능이 있느냐를 가지고 나를 들어 쓰시는 것이 아닙니다. 그것과는 상관없이 하나님이 내게 주신 은사로, 그분의 주권적 결정으로 사용하시는 것입니다. 그러니 "하나님이 왜 그 사람을 사용하십니까?" "왜 내게는 그 은사를 안 주셨습니까?"라고 질문할 필요 없습니다. 그것은 나의 어떠함이 아닙니다. 하나님이 그렇게 하기로 결정하신 것입니다. 하나님의 주권입니다. 이것을 믿음으로 긍정하고 받아들일 때 시기심을 이길 수 있습니다.

시기심의 유혹은 필연적으로 우리를 죄로 인도합니다.

> 땅이 그대로 있을 때에는 네 땅이 아니며 판 후에도 네 마음대로 할 수가 없더냐 어찌하여 이 일을 네 마음에 두었느냐 사람에게 거짓말한 것이 아니요 하나님께로다 행 5:4

아나니아와 삽비라의 가장 큰 문제는 '거짓말'입니다. 그들이 "사람에게 거짓말한 것이 아니요 하나님께" 했다고 합니다. 왜 거짓말합니까? 우리는 종종 어쩔 수 없다고 말하지만, 성경은 명백하게 말씀합니다. 땅을 팔기 전에 땅값은 아나니아와 삽비라가 어찌할 수 있는 것이 아니었습니다. 그런데 땅을 팔고 난 후에 그들이 손에 쥐게 된 돈은 그들 마음대로 할 수 있는 영역이었습니다. 결국 그들은 자의로 거짓말을 했습니다. 중요한 문제는 이런 자의적 거짓말이 사람뿐만 아니라 하나님까지 속이는 행위였다는 것입니다.

거짓은 자신을 숨기려는 행위요, 과장해 표현하는 가장

쉬운 수단입니다. 가진 생각이나 능력보다 더 인정받으려는 욕구가 생기면 자신을 포장할 수밖에 없습니다. 그러니 인정 욕구는 아나니아와 삽비라가 거짓을 말하게 한 요인이 된 것입니다. 바나바처럼 교회의 존경을 받고 멋지게 이름이 회자되기를 바라며 부러워했던 마음이 이 부부를 죄짓게 했습니다.

선한 의도가 먼저, 칭찬은 보너스

인정 중독의 가장 치명적인 문제는 원인과 결과를 혼동하는 것이 아닐까요? 바나바는 자신의 재산을 팔아 어려운 사람을 도우려는 선한 의도가 있었고, 이 마음이 존경이라는 결과를 만들어 냈습니다. 반면에 아나니아와 삽비라는 존경이라는 결과를 만들기 위해 원인을 거짓으로 조작했습니다.

우리가 어떤 일을 할 때 꼭 물어야 하는 것이 있습니다. 왜 일을 하려고 하는지와 동기가 무엇인지입니다. 하나님의 사람에게는 결과보다 일을 하는 동기가 더욱 분명해야 합니다. 결과를 바라보며 선행하면 실족합니다. 만족이 없습니다. 오히려 선행 때문에 상처받을 수도 있습니다. 하지만 선한 동기에서 일을 한다면 어떤 결과가 온다 할지라도 의미 있는 일이 되지 않을까요? 그래서 제가 좋아하는 표현이 있습니다.

"축복은 우리 신앙의 목적이 아니라 부수적인 결과, 즉 보너스일 뿐이다!"

세상에서 거저 얻게 될 것을 바라보며 일하는 사람은 없습니다. 보너스는 예상치 못한 결과에 따르는 기쁨이지, 그게 없다고 실패하지는 않습니다. 우리 신앙인은 어떤 동기를 가져야 할까요? 주님은 아주 명확하게 신앙과 삶의 지침을 말씀하고 있습니다.

> 네 마음을 다하고 목숨을 다하고 뜻을 다하고 힘을 다하여 주너의 하나님을 사랑하라 하신 것이요 막 12:30

마음을 다하고 목숨을 다하고 뜻을 다하여 하나님을 사랑하는 것이 우리 신앙의 목적이 되어야 합니다. 그 목적을 이루다 보니 재산을 팔아 가난한 사람을 도울 수 있는 결과를 낳는 것입니다. 그리고 그 동기가 선하니 사람들에게 칭찬도 받는 것입니다.

선한 의도를 가장하며 산다면 얼마나 힘들겠습니까? 자신의 거짓된 의도가 드러나지 않도록 또 다른 거짓말을 만들어야 하는 삶이 얼마나 비참하겠습니까? 저는 신앙을 흉내 내는 사람이 가장 불행하다고 생각합니다. 신앙은 크기와 분량이 다르니 하나님 앞에서 거짓 없는 삶을 살아가려는 모습이 중요하지 않을까요?

저는 종종 부모로서 '아픈 손가락'을 생각합니다. 조금 부족하다고 생각하는 자식이 있을 때 우리는 아픈 손가락이라고 말합니다. 하나님도 그럴 것입니다. 내 신앙이 조금 부족해도 하나님께는 그저 아픈 손가락입니다. 물론 부모의 기대가 있습니다. 자식이 잘 자라 장성한 분량에 이르면 좋겠지요. 하지만 부족해도 참아 내고 기다려 주는 것이 부모의 마음 아닐까요? 우리는 종종 부모의 기대를 채우려고 스스로 삶을 망가뜨리고 자신의 감옥 속에 갇히는 사람들을 봅니다. 아나니아와 삽비라가 바로 그런 사람은 아니었을까요? 인정에 목말라 스스로를 옥죄고 있는 모습 말입니다.

아나니아와 삽비라에게 온 가장 큰 불행은 관계가 깨어진 것입니다. 목회자와 교인의 관계도, 사람과 하나님의 관계도 거짓 때문에 깨졌습니다. 정직함만큼 강한 관계를 만들어 내는 것은 없습니다. 거짓된 관계는 사상누각과 같습니다. 거짓이 드러나는 순간 지금까지 쌓아 온 모든 관계가 무너집니다. 신앙인에게 가장 두려운 것은 하나님 앞에서 모든 것이 밝혀지는 것입니다.

> 베드로가 이르되 너희가 어찌 함께 꾀하여 주의 영을 시험하려 하느냐 보라 네 남편을 장사하고 오는 사람들의 발이 문 앞에 이르렀으니 또 너를 메어 내가리라 하니 행 5:9

하나님 앞에 모든 것이 드러나는 심판의 순간입니다. 참 무섭지 않습니까? 종말과 죽음이 무서운 것은 심판이 있기 때문입니다. 하나님 앞에서 모든 것이 드러나기 때문입니다.

여기에서 "주의 영을 시험하려 하느냐"라는 말이 무슨 의미일까요? 《메시지》는 "너희가 공모하여 주님의 영을 대적하다니 이 무슨 일이냐?"라고 해석합니다. 거짓의 무서움은 그것이 하나님을 대적하는 일이기 때문입니다.

인정에 굶주리지 않으려면

그렇다면 어떻게 해야 인정에 굶주리지 않을 수 있을까요? 무엇보다 하나님 앞에서 우리의 신앙을 점검하는 자세가 필요합니다.

> 사람에게 보이려고 그들 앞에서 너희 의를 행하지 않도록 주의하라 그리하지 아니하면 하늘에 계신 너희 아버지께 상을 받지 못하느니라 마 6:1

우리의 선행이나 하고자 하는 일이 단순히 사람들에게 보이기 위한 것은 아닌지 깊이 생각해 봐야 합니다.

이재철 목사님이 청년들을 위해 동일한 본문으로 하신 설교 중에 아주 인상적이어서 지금까지 기억하는 내용이 있습니다. 청년들에게 '이성적 신앙의 소유자가 되라'고 권면한 것입니다. 이 말에 거부감을 가지는 사람들이 종종 있을 것입니다. 신앙을 '감성적' '영적' 차원으로 생각하기 때문입니다. 그런데 성경에서 말하는 '신령한' '영적'이라는 말은 헬라어로 '로기코스'(logikos)입니다. 이 단어는 하나님의 말씀인 '로고스'(Logos)에서 파생된 말로, '이성적'이라는 뜻이 있습니다. 즉, 성경이 말하는 신령하고도 영적인 상태는 무절제하게 자신의 감정에 취한 상태가 아니라, 하나님의 말씀에 근거한 이성적인 상태라는 의미입니다. 이재철 목사님은 이 부분을 설명하면서 이렇게 말씀합니다.

"예수님이 십자가의 죽음을 목전에 두고 겟세마네 동산에 엎드려 '할 만하시거든 이 잔을 내게서 옮기시옵소서' 하고 간구한 것은 그분의 '파토스'(pathos), 즉 감성이었습니다. 그럼에도 '나의 원대로 마시옵고 아버지의 원대로 하옵소서'라고 기도를 끝낸 것은 그분의 로고스(logos), 즉 이성이었습니다. 그분은 감성으로는 죽음을 피하고 싶어 했지만 이성으로는, 당신이 죽지 아니하고서는 하나님의 구원이 완성될 수 없다는 하나님의 뜻을 분별하셨던 것입니다. 그분의 이성이 감성을 이기셨습니다. 그분이 곧 로고스(Logos, 말씀)이셨기 때문입니다. 우리는 그 로고스(Logos)를 믿는 로기코스

(logikos)한 그리스도인들입니다. 그러므로 진리 안에서 우리의 생명을 바르게 가다듬는다는 것은, 로고스(Logos)이신 주님의 로고스(logos)를 좇는 이성적인 신앙인이 되는 것을 의미합니다. 맹신으로는 결코 로고스이신 주님을 바르게 알 수 없습니다."

아나니아와 삽비라가 우리에게 주는 아주 중요한 교훈이 있습니다. 만약 그들이 감정으로 하나님을 믿지 않았더라면, 하나님이 어떤 분이신지 생각할 수 있었더라면 다른 결과를 만들어 낼 수 있지 않았을까요? 인정받고자 했던 감정이 하나님의 말씀 앞에 섰더라면 이렇게 비참한 최후가 아니었을 수도 있지 않았겠습니까? 아나니아와 삽비라는 버려진 시체가 되어 죽음의 골짜기로 옮겨지는 신세가 되었습니다. 공동묘지에서 썩었을 수도 있고, 길가에 버려져 짐승의 먹이가 되었을 수도 있습니다. 이들의 시체를 메고 가는 청년들은 어떤 생각을 했을까요? 아마도 '우리는 이렇게 살면 안 되지' 하는 마음이 아니었을까요? 그들은 죽음조차도 누군가에게 부정적인 생각을 심어 주는 비참한 인생을 살다 가게 되었습니다.

우리는 신앙생활을 하면서 불쑥불쑥 올라오는 감정의 문제, 인정받고자 하는 욕구에 빠집니다. 때로는 영적인 것을 자신의 감정에 매몰된 상태로 착각하기도 합니다. 그래서 비성경적, 비이성적으로 결론 내리고 행동합니다. 그러나 위대한 신앙인은 자신의 감정으로 하나님을 대적하지 않습니다. 하나님의 말씀에 근거한 이성으로 하나님의 뜻을 따라갑니다.

우리는 올바른 믿음의 모습을 생각해 봐야 합니다. 그것은 하나님이 주시지 않은 것을 시기하면서 인정받으려고 감정적으로 거짓 행하는 것이 아니라 하나님의 말씀 앞에서 나를 돌아보며 사는 것입니다.

4장

타협하면 안 되나요?

○ "얼마 전에 사장님이 이중계약서를 작성하라고 하셨습니다. 회사에 큰 매출을 올리는 일이었지만, 제 신앙과 양심에 찔려 거절했습니다. 그랬더니 유난스럽다고 비난하셨습니다. 저만 유별나게 믿는 건지, 융통성 있게 타협하면서 살아야 하는 건지 고민이 많습니다."

51 목이 곧고 마음과 귀에 할례를 받지 못한 사람들아 너희도 너희 조상과 같이 항상 성령을 거스르는도다 52 너희 조상들이 선지자들 중의 누구를 박해하지 아니하였느냐 의인이 오시리라 예고한 자들을 그들이 죽였고 이제 너희는 그 의인을 잡아 준 자요 살인한 자가 되나니 53 너희는 천사가 전한 율법을 받고도 지키지 아니하였도다 하니라 54 그들이 이 말을 듣고 마음에 찔려 그를 향하여 이를 갈거늘 55 스데반이 성령 충만하여 하늘을 우러러 주목하여 하나님의 영광과 및 예수께서 하나님 우편에 서신 것을 보고 56 말하되 보라 하늘이 열리고 인자가 하나님 우편에 서신 것을 보노라 한 대 57 그들이 큰 소리를 지르며 귀를 막고 일제히 그에게 달려들어 58 성 밖으로 내치고 돌로 칠새 증인들이 옷을 벗어 사울이라 하는 청년의 발 앞에 두니라 59 그들이 돌로 스데반을 치니 스데반이 부르짖어 이르되 주 예수여 내 영혼을 받으시옵소서 하고 60 무릎을 꿇고 크게 불러 이르되 주여 이 죄를 그들에게 돌리지 마옵소서 이 말을 하고 자니라

행 7:51-60

미국 오하이오에 있는 콜럼버스한인장로교회 주일 설교에서 들은 내용입니다.

"뉴질랜드의 오클랜드(Auckland)에는 남반구에서 가장 높은 건물인 스카이타워(Sky Tower)가 있고 그 옆에 스카이시티호텔(Sky City Hotel)이 있습니다. 1970년대부터 사업차 여행을 많이 하게 된 어떤 분이 출장을 가서 그 호텔에 묵게 되었다고 합니다. 그런데 '비상시 주의사항'에 다른 호텔에서는 못 본 특이한 점이 있었습니다.

크게 세 가지 내용이었는데, 첫 번째는 'Do not use lift in fire', 그러니까 '화재 발생 시 승강기를 사용하지 말라'는 것이었습니다. 사실 이것은 어떤 건물에나 있는 내용입니다. 두 번째는 'Walk, don't run'(뛰지 말고 걸으라)이었습니다. 서두르며 뛰다가 불 속에서 오히려 더 위험해질 수 있기 때문입니다. 이 내용도 호텔에서 종종 볼 수 있습니다.

그런데 세 번째는 아주 특이한 것이었습니다. 그것은 'Do not go back'이었습니다. '되돌아가지 말라'는 것입니다. 불이 났는데도 방으로 돌아가려고 한다면 그는 뭔가 귀중한 것을 두고 왔기 때문입니다. 그러나 아무리 귀중하고 값비싼 것이라 해도, 생명보다 더 중요하지는 않습니다. 지혜로운 사람이라면 방에 두고 온 것이 아무리 귀하고 소중해도 결코 되돌아가서는 안 됩니다. 오직 생명을 살려 줄 비상구를 향해 앞만 보며 나아가야 합니다. 다른 데 눈을 팔아서는 안

됩니다. 오직 비상구를 보고 나아가야 합니다."

사람은 누구나 죽습니다. 똑같이 태어나지만 죽음은 같지 않습니다. 어떤 사람은 후회 없이 인생을 아름답게 마무리하는가 하면 어떤 사람은 죽는 순간에 '내가 왜 이렇게 죽어야만 하는가?' 하면서 인생을 후회합니다. 후회한들 시간을 되돌릴 수 있습니까? 그럴 수 없습니다. '결단'은 중요하고, '결단한 대로 사는 것'은 인생을 좌우합니다. 어떤 인생을 살기 원합니까? 후회하겠습니까, 결단한 대로 인생을 아름답게 마무리하겠습니까?

성경에는 최초의 순교자인 스데반의 이야기가 나옵니다. 그의 죽음은 예사롭지 않았습니다. 과연 그의 죽음에는 어떤 의미가 숨어 있을까요? 성경은 "그들이" 스데반을 죽였다고 했는데, 왜 그랬던 걸까요? 그들이 스데반을 죽이지 않을 수도 있었을까요? 만약 그들이 스데반을 죽이지 않았다면 어떤 일이 일어났을까요?

그들은 왜 스데반을 죽였나

그들이 이 말을 듣고 마음에 찔려 그를 향하여 이를 갈거늘

행 7:54

그들이 '왜' 스데반을 죽였는지를 먼저 살펴보겠습니다. 그들은 스데반의 설교를 듣고 마음에 찔렸습니다. 그래서 스데반을 죽였습니다.

When they heard this, they were furious and gnashed their teeth at him. 행 7:54, NIV

"마음에 찔려"를 영어 성경은 "furious" 즉 '너무 화가 나서'라고 번역했습니다. 이 두 표현이 묘하게 연관성이 있어 보입니다. 《메시지》는 이 부분을 "사람들이 난폭해지더니… 폭도로 변했다"라고 표현합니다.

'마음이 찔렸다'는 말에 대해서 두 가지의 반응을 생각해 볼 수 있을 것 같습니다. 하나는 찔려서 회개하는 정상적인 반응이요, 다른 하나는 찔림을 감추기 위한 과도한 반응입니다. 말씀을 읽거나 설교를 들을 때 하나님이 우리 마음을 아프게 찌르시는 경험을 해 봤습니까? 말씀이 내 마음과 부딪혀 경험하는 찔림은 축복입니다. 회개할 수 있기 때문입니다. 그런데 우리에게는 또 다른 반응이 있을 수 있습니다. 부끄러움과 죄를 가리기 위해서 폭력적으로 반응하는 것입니다. 그리고 지금 스데반 앞에 있는 사람들은 군중심리를 이용해 집단화해서 죄의 책임을 분산시키고 있습니다.

역사 가운데에도 대중을 선동해 권력을 유지하려는 시

도가 있었습니다. 대표적으로 매카시즘을 들 수 있지요. 1950년 미국 상원의원 조셉 매카시(J. R. McCarthy)는 '미국 국무부 안에 205명의 공산주의자 명단이 있다'고 연설해서 많은 인기를 얻으며 공산주의자를 색출했지만, 도리어 많은 사람을 매도하고 말았습니다. 중세시대 마녀 사냥 역시 권력을 유지하려는 사람들이 자행했던 죄요, 만행이었습니다.

그런데 스데반의 설교를 듣던 그들이 이런 만행을 저지릅니다. 그들에게는 그토록 감추고 싶었던 죄가 있었습니다. 과연 그 죄는 구체적으로 무엇이었을까요?

> 51 목이 곧고 마음과 귀에 할례를 받지 못한 사람들아 너희도 너희 조상과 같이 항상 성령을 거스르는도다 52 너희 조상들이 선지자들 중의 누구를 박해하지 아니하였느냐 의인이 오시리라 예고한 자들을 그들이 죽였고 이제 너희는 그 의인을 잡아 준 자요 살인한 자가 되나니 53 너희는 천사가 전한 율법을 받고도 지키지 아니하였도다 하니라 행 7:51-53

"목이 곧고 마음과 귀에 할례를 받지 못한 사람들"은 어떤 자들일까요? 누구의 말에도 귀를 기울이지 않고, 자신의 신념과 주장을 굽히지 않는 자들입니다. 소신이나 주장이 문제가 아닙니다. 이런 것들이 성령을 거스르고 있음이 문제입니다.

그들은 스스로 율법을 믿고 따르는 사람들이라 생각하고 있었습니다. 그런데 정작 조상 때부터 하나님이 보내신 선지자들을 박해하더니, 오시기로 예언되었던 메시아 예수 그리스도를 잡아 죽이는 무서운 범죄를 저질렀습니다. 이것은 그들 스스로 가장 부인하고 싶고, 감추고 싶었던 아픈 내용입니다.

죄를 지은 사람들이 원하는 것은 무엇일까요? 누구도 그 죄를 건드리거나 드러내지 않는 것입니다. 죄가 드러나면 아프기 때문입니다. 그래서 종종 죄 지은 자들은 하나님이 내버려 두시는 것이 축복이라고 착각합니다. 그런데 마음이 강퍅해져서 회개하지 않는 것은 축복이 아닙니다. 하나님의 심판이 이를 것이라는 무서운 경고입니다.

그들은 스데반의 설교를 들으면서 이렇게 생각할 수도 있었습니다. '하나님이 우리 죄를 드러내시는구나. 우리를 내버려 두지 않으시는구나. 우리를 징계하시니 감사하다' 하며 기뻐할 수도 있었습니다. 그러나 그들은 귀를 닫고 강퍅해졌습니다. 죄를 감추기 위해 의도적으로 분노하고 폭력을 일으켰습니다. 가장 불행한 사람은 자기 고집으로 죽는 사람입니다.

왜 타협하지 않고 말씀을 전했을까

스데반이 성령 충만하여 하늘을 우러러 주목하여 하나님의
영광과 및 예수께서 하나님 우편에 서신 것을 보고 행 7:55

But Stephen, full of the Holy Spirit, looked up to heaven
and saw the glory of God, and Jesus standing at the right
hand of God. 행 7:55, NIV

예수 믿는 사람들이 참 많이 듣는 말이 있습니다. 융통성
이 없다는 것이죠. 꼭 그렇게까지 예수를 믿어야 하느냐는
비아냥거림도 있습니다. 유대인들에게 메시지를 전하다가
순교한 스데반 역시 그런 말을 들을 만합니다. 꼭 그렇게까
지 해야 했느냐는 것이지요. 신앙생활을 할 때도 이런 갈등
이 분명 존재합니다. 우리가 하나님을 믿지만 세상 속에서
살고 있기 때문에, 다른 사람과의 관계 속에서 그런 일이 발
생하는 것입니다. 신앙을 지키며 살 때 필연적으로 세상의
가치관과 충돌할 수밖에 없습니다.

여기서 우리는 "성령 충만하여"라는 말씀에 주목해야 합
니다. 즉 우리가 세상과 충돌하는 이유가 하나님이 주시는
마음 때문인지, 아니면 그동안 살아왔던 관습을 지키기 위
해 세상을 무시해서인지 분별해야 합니다. 흥미로운 것은,

순교한 스데반은 물론 순교자로 만든 유대인들 역시 하나님을 믿는 믿음에 근거를 두고 행동하고 있다는 것입니다. 그렇다면 이 둘의 차이는 무엇입니까? 스데반은 성령이 충만하여 성령의 다스림을 받고 있었습니다. 그런데 스데반을 죽인 사람들은 스스로 하나님을 믿는다고는 했지만 성령의 다스림 가운데 있지 않았습니다.

우리가 신앙생활을 할 때 내 소신으로 할 때가 많습니다. 그러나 성령이 충만한 사람은 성령의 다스림 가운데 살아갑니다. 다시 말하면 성령의 임재가 사라지면 환경에 좌우될 수밖에 없습니다. 성령의 다스림 가운데 있다는 명확한 증거 중에 하나는 '하늘을 바라보는 인생'이 되는 것입니다. 하늘을 바라보는 인생은 땅을 볼 때보다 훨씬 넓고 큰 것을 보게 됩니다.

스데반이 성령충만해서 "하늘을 우러러 주목"했다고 합니다. NIV 성경을 보니 이 부분을 "look up"이라고 표현했고, 그가 하나님의 영광을 봤다는 데에서는 'see'의 과거형 'saw'를 썼습니다. 저는 여기에서 아주 재미있는 것을 발견했습니다. 'look up'에는 의지적으로 눈을 든다는 의미가 있고, 'see'는 눈을 뜨니 자연스럽게 보였다는 말입니다. 즉 우리가 하늘을 바라볼 때는 의지적으로 눈을 들어야 합니다. 그럴 때 하나님의 역사가 자연스럽게 보입니다.

그렇다면 스데반은 왜 그렇게 유대인들을 향해 올곧은 말을 하며 순교의 자리까지 나아가게 되었을까요? 왜 그는 사람들과 타협하지 못하고 돌에 맞아 죽기까지 갈등을 유발했을까요? 그 이유는 그가 주목하여 바라본 것에 있습니다. 그가 의지적으로 고개를 들어 하늘을 주목했을 때, 거기서 그는 하나님의 영광과 예수님이 하나님 우편에 서신 것을 보았습니다.

여기에서 참 힘든 신앙의 문제에 봉착합니다. 어느 때는 세상과 조화를 이루며 살아야 한다고 하고, 어느 때는 절대로 세상과 타협해서는 안 된다고 하니 그 기준은 무엇일까요? 스캇 솔즈의 《선에 갇힌 인간, 선 밖의 예수》에 나오는 대목입니다.

"우리가 진실을 말하고 어둠 속에 빛을 비추고 십자가를 지고 예수님을 따를 때 아무리 사랑이 기반되어도 반대는 나타나기 마련이다. 하지만 사람들이 우리에게 분노한다면 적어도 그 사람들은 예수님께 분노했던 사람들과 같은 부류여야 한다. 나병환자와 도둑, 주정뱅이, 성적으로 문란한 자, 죄인, 교회에 다니지 않는 사람들은 예수님께 반대하거나 분노하지 않았다. 그들은 오히려 예수님께 끌렸고, 그분을 통해 공동체에도 끌렸다. 그들은 자신들에게 필요한 것이 그분께 있음을 보았다. 그들에게 그분은 곁에 있기만 하면 모든 것이 좋아질 것만 같은 분이었다. 예수님을 가장 반대한 사람들은 독실한 '교인들'이었다."

예수님 당시에도 예수님을 반대하고 심지어 죽이고자 하는 사람들이 있었습니다. 반대로 예수님을 따르던 무리가 있었습니다. 예수님을 십자가에 못 박은 자들이 있었고, 십자가에 못 박힌 예수님을 보며 눈물을 흘린 사람들이 있었습니다. 지금 스데반을 핍박하고 죽이는 자리에 있는 사람들은 예수님을 십자가에 못 박은 사람들과 동일한 자들입니다. 이들은 종교인이었고 하나님을 믿는 자였습니다. 중요한 것은, 이들은 예수님의 말씀대로 살면 잃을 것이 많은 사람들이었던 것입니다.

그들이 스데반을 죽였던 이유는 그가 예수님이 살아온 방식으로 살아가려고 했기 때문입니다. 그러다 보니 스데반은 예수님과 동일한 방식으로 박해받고 순교의 자리까지 나아가게 되었습니다. 예수님처럼 살고자 한다면 당연히 핍박을 받아야 합니다. 그런데 문제는 예수님처럼 살지 않으면서 세상과 충돌하고 세상으로부터 욕을 먹는 것입니다. 그것은 다른 차원의 문제입니다.

십자가를 앞에 놓고 예수님이 고민하시던 모습을 잠깐 떠올려 보면 좋겠습니다. 그 고난의 자리에 나아가기 위해 겟세마네에서 기도하시던 예수님 앞에는 두 갈래의 길이 있었습니다. 하나는 육신의 원함이요, 또 하나는 하나님 아버지의 뜻이었습니다. 육신의 원함을 따를 수도 있습니다. 그러나 예수님이 고개를 들었을 때 하나님 아버지의 뜻이 보였습니다. 예수님은 십자가의 길을 가지 않으면 안 되었던 것입니다.

우리는 살면서 '어쩌다 보니' '우연히'라는 말을 많이 사용합니다. 그런데 정말 어쩌다 보니 그렇게 되었습니까? 사실 우리의 모든 행동은 의지가 있어서 일어난 것입니다. 우리가 의식하지 못했다면 가장 원초적인 본능에 반응했을 뿐이지요. 배가 고프면 음식에 손이 가는 것이 정상적인 욕구입니다. 하지만 그 음식을 먹어도 되는지 묻는다면 다음 행동이 달라질 것입니다. 아프면 피하고 싶은 것이 정상적인 반응입니다. 그러나 그 아픔을 당해야만 '의'가 이루어진다면 우리는 그 아픔을 마땅히 감내하게 될 것입니다.

스데반이 "하늘을 우러러" 보니 어떻게 해야 할지를 알게 되었습니다. 중요한 것은 그가 의도적으로 하늘을 향해 눈을 돌렸을 때 보았던 것이 무엇이냐입니다. 스데반은 "하나님의 영광"과 "예수께서 하나님 우편에 서신 것"을 보았습니다. 즉 그가 발견한 진정한 가치는 '영광'이었습니다. 돌에 맞아 죽어가는 순간에 수치와 아픔이 아니라, 하나님의 영광을 보았습니다. 우편에 앉아 계신 예수님은 어떤 분이신가요? 사망 권세를 이기고 승리하신 주님입니다. 우리가 흔히 "결말을 알면 두렵지 않다"는 말을 하지요. 스데반은 마침내 자신이 있어야 할 자리를 보았습니다. 그는 두렵지 않았습니다. 이렇게 우리 삶에 성령이 충만하면 '의지'가 하늘을 향하지만, 성령의 임재가 없는 인생은 '주변의 환경'이 눈에 들어옵니다.

스데반의 순교에서 패배자의 모습이 아니라, 생명 가득한 생생함이 보이지 않습니까? 챔버스는 '거듭남'은 성령께서 하시는 일이요, '순종'은 성령의 인도하심 가운데 거하는 것이라고 표현했습니다.

왜 스데반이 순교해야 했을까요? 성령 충만했으니까요. 적어도 그는 하늘을 바라보며 사는 사람이요, 승리를 쟁취한 사람이었습니다.

스데반이 순교하지 않았더라면

만일 스데반에게 순교의 사건이 일어나지 않았다면, 스데반이 하늘을 우러러 바라보는 사람이 아니었다면 어떤 일이 일어났을까요?

당시 초대교회에는 성령의 역사가 강하게 일어나고 있었습니다. 그래서 이렇게 질문해 보고 싶습니다. '스데반의 설교 이후에 말씀을 거부하는 자들이 돌을 들었을 때, 성령께서 스데반이 그 상황을 모면하도록 해 주실 수 있지 않았을까? 돌에 맞아도 죽지 않도록 보호하시는 것이 하나님께는 그리 어려운 일은 아니지 않았을까?'

그러나 우리는 스데반의 순교를 바라보는 시각을 바꿔야 합니다. 그가 죽은 것은 성령께서 역사하시지 않았기 때문이 아닙니다. 성령께서 스데반을 순교의 자리로 이끌고 가신 것입니다. 스데반의 순교가 우리에게 시사하는 가장 중요한 사실은, 하나님의 역사는 우리가 원하거나 기대하는 방식으로 이루어지지 않는다는 것입니다. 당시 초대교회에는 성령의 역사가 아주 강하게 일어났습니다. 그러니 당연히 스데반이 돌에 맞아도 죽지 않는 기적과 같은 일들을 기대했을 것입니다.

잠시 스데반이 순교에 이르기까지의 상황을 생각해 보겠습니다. 사도행전 1장에서는 성령을 기다리라는 주님의 당부와 약속이 있었습니다. 2장에는 120명의 제자들이 마가의 다락방에서 뜨겁게 성령 체험을 한 이후에 교회가 어떠했는지를 이야기합니다. 3장에서는 성령 체험을 한 베드로와 요한이 성전 미문 앞에 있는 못 걷는 사람을 일으켜 세우는 기적을 행했고, 그 일로 사람들 앞에 공적으로 서서 설교하게 됩니다. 4장에서는 기적과 놀라운 설교, 강력한 성령의 임재로 인해 새로운 예루살렘 공동체가 세워집니다. 사람들의 삶의 방식이 달라져 모범적인 기독교 공동체를 이룹니다. 5장에서는 이런 새로운 공동체를 부러워하며 그 신앙을 따라하거나 흉내 내려는 사람들이 생겼고, 아나니아와 삽비라는 성령을 속인 죄로 그 자리에서 죽습니다. 6장에서는 이러한 강력한 역사와 부흥이 일어나자 사도들만으로는 사역이 불가능해졌고, 평신도들 중에 일곱 집사를 선발합니다. 그리고 7장에서는 일곱 집사 중에 하나였던 스데반이 복음을 전하다 돌에 맞아 순교하는 일이 일어났습니다.

강력하게 성령의 역사가 일어나는 와중에 스데반이 순교하는 사건이 벌어진 것은 당시 공동체가 받아들이기 쉽지 않은 일이었을 것 같습니다. 교회 공동체에게는 '스데반이 돌에 맞아 죽은 일'이 '돌에 맞았으나 죽지 않고 사는 일'보다 더 어렵고 이해하기 힘든 일이었을 것 같다는 생각을 합니다. 지금까지 하나님이 약속하신 대로, 어쩌면 자신들이 원하는 방식대로 교회 공동체가 부흥하고 있었으니 말입니다.

여기서 우리가 깨닫는 것이 있습니다. 모든 일이 다 순조롭게, 그리고 우리가 원하는 방향으로 흘러가는 것이 하나님의 뜻과 일치하지 않을 수 있다는 사실입니다. 스데반이 순교해서 일어난 상황을 사도행전 8장 1절에서 바로 이렇게 증언합니다.

사울은 그가 죽임 당함을 마땅히 여기더라 그날에 예루살렘에 있는 교회에 큰 박해가 있어 사도 외에는 다 유대와 사마리아 모든 땅으로 흩어지니라 행 8:1

왜 스데반이 죽을 수밖에 없었을까요? 사도행전 8장 1절에서 죽음의 결과를 증언하고 있다면, 죽음의 이유는 사도행전 1장 8절에 나옵니다.

> 오직 성령이 너희에게 임하시면 너희가 권능을 받고 예루살렘과 온 유대와 사마리아와 땅 끝까지 이르러 내 증인이 되리라 하시니라 **행 1:8**

스데반의 순교는 하나님이 성령을 보내시고 그 성령의 역사를 통하여 교회가 세워졌으나 사명을 감당하지 못하니, 교회를 사명 공동체로 만드시기 위해 하나님이 직접 개입하신 사건이라고 말할 수 있지 않을까요?

참 무섭고 두렵습니다. 누군가의 죽음, 누군가의 순교를 통해 하나님이 일을 이루어 가신다는 사실이 말입니다. 그런데 하나님의 역사는 꼭 누군가의 희생을 통해, 밀알이 썩어져 열매를 맺는 과정을 통해 이루어지고 있음을 우리는 알고 있습니다. 세상은 그 죽음과 희생을 보며 애통하는데, 정작 사명자는 그 사명 속에서 하늘의 영광을 봅니다. 또한 하나님 우편에 앉아 계시는 주님을 보며 영광 중에 사명을 감당합니다.

그의 죽음에서 우리는 '예수님 닮음'을 봅니다. 십자가에서 저들의 죄를 용서하여 달라고 기도하시던 예수님의 모습과 다 이루었다고 하시는 음성을, 하늘을 바라보고 하나님의 품에 안기는 스데반에게서 발견하게 됩니다.

스데반이 순교하지 않았더라면 어떻게 되었을까요? 사도행전 1장 8절과 8장 1절의 연관성이 이루어지지 않았을까요? 저는 그렇게 생각하지 않습니다. 만약 스데반이 그 자리를 피해 갔다면, 누군가 영광 중에 그 자리를 대신했을 것입니다. 하나님의 뜻은 지연될 수는 있으나 헛되이 사라지지 않기 때문입니다.

> 성 밖으로 내치고 돌로 칠새 증인들이 옷을 벗어 사울이라 하
> 는 청년의 발 앞에 두니라 **행 7:58**

본문의 정황을 보면, 스데반을 돌로 치려는 현장에 상당히 많은 사람이 있었던 것 같습니다. 그런데 유독 한 사람 '사울'이라는 이름이 등장합니다. 그는 복음 확장에 한 획을 그었다고 할 수 있을 만한 인물, 바로 사도 바울입니다. 스데반의 순교 현장에는 사두개인, 바리새인 혹은 산헤드린 공회의 회원들도 있음직하고, 사람을 죽이는 결정을 내려야 하는 자리이니 제사장도 있었을 것입니다. 그런데 사울이라는 이름이 등장하는 것으로 보아, 이 사건이 그의 미래에 많은 영향을 주었으리라 짐작할 수 있습니다.

사도행전 7장이 마무리되고, 9장에 가면 사울이 회심하는

장면이 나옵니다. 궁금한 것이 있습니다. 8장에서는 무슨 일이 있었을까요? 8장은 박해로 흩어진 그리스도인의 이야기입니다. 그리고 대표적인 인물로 일곱 집사 중 하나인 빌립이 에디오피아 여왕 간다게의 국고 관리를 맡은 내시를 만나는 장면이 나옵니다. 상당히 중요한 흐름이 보입니다. 결국 스데반의 죽음이 이방인을 위한 선교의 제물로 하나님께 드려졌다는 것입니다. 그리고 예수님 이외에 가장 위대한 사역을 감당했다는 바울의 모습도 여기에 나오고 있습니다.

우리는 단순히 바울을 생각하면 사도행전 9장의 회심 사건만을 떠올립니다. 그런데 스데반이 순교 당하는 자리에서 그의 설교를 들었던 바울의 마음속에는 무엇이 있었을까요? 피를 흘리며 쓰러지는 스데반 옆에서 튀는 피를 뒤집어썼을지도 모릅니다. 그가 그 순간 들었던 가장 인상적인 말은 무엇이었을까요? 끝까지 믿음을 배신하지 않고 영혼을 하나님께 의탁하는 모습, 그리고 자신을 돌로 치는 무리를 용서하는 모습이지 않을까요? 그 스데반의 모습이 바로 십자가에서 죽으신 예수님의 모습이었습니다.

스데반이 거기서 그렇게 순교하지 않았다면 사도 바울이라는 인물이 나올 수 있었을까요? 다메섹으로 가는 도상에서 주님을 만났을 때, 그가 그렇게 쉽게 거꾸러질 수 있었을까요?

누군가가 왜 고통을 당하고, 아픔 가운데 죽어 가야 하는지 이해하거나 설명할 수 없는 일들이 참으로 많습니다. 하지만 그 모든 일이 하나님의 섭리 가운데 이루어지고 있다는 사실이 놀랍습니다.

5장

불편한 부르심에도
순종해야 하나요?

○ "순종해야 하는 일과 나의 이성적인 판단이 서로 다를 때가 많습니다. 나에게 말씀하신 그 부르심이 하나님의 뜻임을 어떻게 확신할 수 있나요?"

10 그때에 다메섹에 아나니아라 하는 제자가 있더니 주께서 환상 중에 불러 이르시되 아나니아야 하시거늘 대답하되 주여 내가 여기 있나이다 하니 11 주께서 이르시되 일어나 직가라 하는 거리로 가서 유다의 집에서 다소 사람 사울이라 하는 사람을 찾으라 그가 기도하는 중이니라 12 그가 아나니아라 하는 사람이 들어와서 자기에게 안수하여 다시 보게 하는 것을 보았느니라 하시거늘 13 아나니아가 대답하되 주여 이 사람에 대하여 내가 여러 사람에게 듣사온즉 그가 예루살렘에서 주의 성도에게 적지 않은 해를 끼쳤다 하더니 14 여기서도 주의 이름을 부르는 모든 사람을 결박할 권한을 대제사장들에게서 받았나이다 하거늘 15 주께서 이르시되 가라 이 사람은 내 이름을 이방인과 임금들과 이스라엘 자손들에게 전하기 위하여 택한 나의 그릇이라 16 그가 내 이름을 위하여 얼마나 고난을 받아야 할 것을 내가 그에게 보이리라 하시니 17 아나니아가 떠나 그 집에 들어가서 그에게 안수하여 이르되 형제 사울아 주 곧 네가 오는 길에서 나타나셨던 예수께서 나를 보내어 너로 다시 보게 하시고 성령으로 충만하게 하신다 하니 18 즉시 사울의 눈에서 비늘 같은 것이 벗어져 다시 보게 된지라 일어나 세례를 받고 19 음식을 먹으매 강건하여지니라 사울이 다메섹에 있는 제자들과 함께 며칠 있을새 20 즉시로 각 회당에서 예수가 하나님의 아들이심을 전파하니

행 9:10-20

살다 보면 원수 같은 사람이 생깁니다. 직장이나 가정에 그런 사람이 생기면 관계가 온통 엉망이 되고 일상생활이 고달파집니다. 그럴 때 우리가 잘하는 말이 있습니다. 바로 '십자가'입니다. 하나님이 내게 지게 하신 십자가이니 기쁨으로 감당해야 한다고 말이지요. 그런데 그게 말처럼 쉽지 않습니다. 때로는 시험이 되어 신앙을 버리는 계기가 되기도 합니다.

나에게 늘 해를 입히는 사람, 나를 괴롭히는 사람을 사랑하는 것이 정말 하나님의 뜻일까요? 손해를 보더라도 그에게 선을 행하는 것이 정말 십자가를 짊어지는 것일까요? 그렇다면 하나님은 왜 그런 어려운 일을 우리에게 요구하시는 걸까요? 왜 이렇게 불편한 상황으로 우리를 부르시는 걸까요? 원수를 사랑하라는 말씀이야말로 너무 이상적인 이야기 아닙니까?

그런데 성경을 보니 이런 불편한 부르심에 순종한 사람이 있습니다. 그리고 그의 순종으로 기독교의 역사가 뒤바뀌게 됩니다. 바로 사울의 회심 그 중심에 섰던 아나니아의 이야기입니다.

우연은 없다, 하나님의 철저한 계획만 있을 뿐

예루살렘에서 기독교인들이 박해를 당하던 중 스데반이 순교했습니다. 그러고 보면 성경의 역사, 그리고 2천 년 기독교 역사를 통틀어 봤을 때 박해는 교회에 역동성과 기회를 만들어 줬던 것 같습니다. 스데반의 순교는 그리스도인들을 움츠러들게 한 것이 아니라, 각 나라와 족속으로 흩어져 복음을 전하게 하는 계기가 되었습니다. 다메섹에도 복음이 전파되었습니다. 그리고 사울은 다메섹으로 가 예수 믿는 사람을 잡아 죽이는 일을 했습니다. 사울은 어떤 일을 하든 열심히 하는 사람이었던 것 같습니다.

1 사울이 주의 제자들에 대하여 여전히 위협과 살기가 등등하여 대제사장에게 가서 2 다메섹 여러 회당에 가져갈 공문을 청하니 이는 만일 그 도를 따르는 사람을 만나면 남녀를 막론하고 결박하여 예루살렘으로 잡아오려 함이라 행 9:1-2

그런데 바로 이 순간에 그 유명한 회심 사건이 일어납니다. 사울이 그리스도인들을 잡아가려고 다메섹 근처에 이르렀을 때 홀연히 하늘로부터 빛이 임하였고, 그 빛에 의해 엎드려졌을 때 음성을 듣습니다. 예수님의 음성이었습니다.

"사울아, 사울아. 네가 어찌하여 나를 박해하느냐?"

사울이 예수 믿는 사람들을 핍박했는데, 그 아픔이 예수님의 아픔이었던 것입니다. 그리고 거기에서 하나님은 사울에게 당신의 계획을 말씀하십니다.

> 너는 일어나 시내로 들어가라 네가 행할 것을 네게 이를 자가 있느니라 하시니 행 9:6

사울은 눈을 떴으나 아무것도 보지 못했고, 사람들에게 이끌려 다메섹으로 들어갑니다. "그때에" 어떤 일이 일어났나요?

> 10 그때에 다메섹에 아나니아라 하는 제자가 있더니 주께서 환상 중에 불러 이르시되 아나니아야 하시거늘 대답하되 주여 내가 여기 있나이다 하니 11 주께서 이르시되 일어나 직가라 하는 거리로 가서 유다의 집에서 다소 사람 사울이라 하는 사람을 찾으라 그가 기도하는 중이니라 행 9:10-11

이 구절을 보면서 지금 일어나고 있는 일이 우연한 사건이 아니라 하나님의 철저한 계획이라는 사실을 깨닫게 됩니다. 하나님은 먼저 사울에게 나타나셔서 부활하신 예수님을 보이시고, 캄캄한 어둠 가운데서 당황하고 방황하는 사울을 어떻게 인도하실지 말씀하고 계십니다. 중요한 것은 이러한 하나님의 인도하심이 사울에게만 있었던 것이 아니라, 선지자 아나니아에게도 일어났다는 것입니다.

우리는 "그때에"라는 단어에 집중해야 합니다. 그때가 언제입니까? 사울이 어찌할 바를 몰라 방황하던 때, 사람들에 의해 다메섹으로 인도받은 때, 바로 사울이 회심한 때입니다. '그때'는 사람들이 상식적으로 생각하는 일이 아니라 하나님의 계획이 일어난 때입니다.

제가 참 좋아하는 작가가 있습니다. 소설 《당신들의 천국》을 쓴 이청준입니다. 그는 2008년 암으로 세상을 떠났습니다. 그가 폐암으로 투병하던 때 한 신문에 흥미롭기도 하고 슬프기도 한 인터뷰 기사가 실렸습니다. 2007년이니 그가 세상을 떠나기 1년 전쯤입니다. 그는 애프터쉐이브 로션 (aftershave lotion)이 다 떨어졌는데 사야 할지 말아야 할지 망설이고 있다고 했습니다. 죽기 전에 다 바를 수 있을까 싶었다는 것입니다. 어떻습니까? 물건을 사면서 보통 '내가 이걸 죽기 전에 다 쓸 수 있을까?' 하는 생각을 합니까?

우리가 인생을 살다 보면 이렇게 예기치 않게 찾아오는 일들이 있습니다. 꼭 죽음이 아니더라도 어떤 일들은 죽음과 같이 우리를 당혹스럽게 합니다. 그런데 결국 하나님의 계획 가운데 일어나는 일입니다. 지금 사울에게 일어난 일도 마찬가지입니다. 다메섹 도상에서 겪은 그 사건들을 그가 조금이라도 예측할 수 있었겠습니까? "그때에"는 결국 우리가 생각하는 인생 방향, 예측했던 상황과 전혀 다른 일이 일어난 때입니다. 우리에게도 얼마든지 "그때에" 같은 사건이 닥칠 수 있습니다.

문제는 하나님이 하시는 일을 사람이 수용할 수 없을 때 필연적인 갈등과 머뭇거림이 시작된다는 것입니다. "그때에" 하나님이 우리에게 말씀하신 것이 납득할 수 없는 일이라면 어떻겠습니까? 우리는 스데반을 죽으면 안 되는 사람이라 생각합니다. 하나님이 그를 살려 주셔서 더 크게 쓰임받아야 한다고 생각합니다. 그런데 하나님은 사람의 생각대로 일하시는 분이 아닙니다. 성령님의 역사는 우리 계획대로 이루어지지 않습니다.

저는 말씀을 묵상하면서 중요한 사실을 발견했습니다. 주님이 다메섹 도상에서 사울을 만나 주신 그때, 사울이 부활하신 주님 앞에 거꾸러진 그때, 하나님은 선지자 아나니아를 준비시키셨다는 것입니다. 하나님은 "그때에" 아나니아에게 나타나셔서 그가 해야 할 일이 무엇인지를 구체적으로 말씀하셨습니다. 그리고 같은 시간 기도하는 사울에게도 환상을 보여 주셨습니다.

> 그가 아나니아라 하는 사람이 들어와서 자기에게 안수하여 다시 보게 하는 것을 보았느니라 하시거늘 행 9:12

하나님은 "그때에" 정말 완벽한 계획을 만들고 준비해 놓으셨습니다. 내 인생에 예기치 않은 사건이 닥쳤다고 생각합니까? 내 계획을 다 뒤엎어야 할 만큼 납득할 수 없는 일이 벌어졌습니까? 그 모든 일은 결국 하나님의 완벽한 계획 안에 들어가 있는 것인지 모릅니다. 지금도 그분은 다음 단계를 위해 준비하고 계신지도 모릅니다. 그렇다면 바로 "그때에" 우리는 어떻게 반응해야 할까요?

고집을 꺾고 순종할 때

하나님이 모든 것을 준비하고 계획하셨던 그때에, 아나니아에게 환상을 보이셔서 해야 할 일을 말씀하신 그때에, 그가 어떻게 반응했는지 봅시다.

> 아나니아가 대답하되 주여 이 사람에 대하여 내가 여러 사람에게 들사온즉 그가 예루살렘에서 주의 성도에게 적지 않은 해를 끼쳤다 하더니 행 9:13

아나니아는 "주님, 그런데요. 제가 그 사람에 대해서 좀 들었는데요…" 하고 말합니다. 하나님의 계획이 이루어지고 있는 그때에 아나니아를 앞서고 있는 것이 있습니다. 바로

'자신의 경험'입니다.

물론 아나니아의 반응이 이해되긴 합니다. 참 인간적이지 않습니까? 우리가 그 자리에서 하나님께 이런 명령을 들었다고 생각해 봅시다. 사울은 스데반을 죽이는 데 결정적인 역할을 한 자입니다. 예수 믿는 사람들을 잡으러 혈안이 되어 달려갔다고 들었습니다. 하나님의 명령이 맞는지 귀를 의심할 만합니다. 고집을 부려 볼 만합니다.

누구나 고집이 있습니다. 조금 포장해서 이야기한다면 소신이 있는 것이지요. 그런데 이런 소신과 고집이 어디에서 오는가, 그리고 이것이 신뢰할 만한가 물어보아야 합니다. 혹시 내 소신이 하나님의 뜻 이전에 과거 경험에서 비롯된 것은 아닙니까?

사도행전 9장 14-15절은 아나니아가 듣고 있었던 것과 하나님의 계획이 얼마나 다른지를 보여 주고 있습니다.

> 14 여기서도 주의 이름을 부르는 모든 사람을 결박할 권한을 대제사장들에게서 받았나이다 하거늘 15 주께서 이르시되 가라 이 사람은 내 이름을 이방인과 임금들과 이스라엘 자손들에게 전하기 위하여 택한 나의 그릇이라 행 9:14-15

여기에 '불편한 부르심'과 '불편한 순종'이 있습니다. 아나니아의 편견을 넘어 하나님은 그런 그를 택해 쓰겠다고 하십니다. 그런데 성경을 보면 대부분의 부르심이 그랬던 것 같습니다. 모세 역시 하나님의 부르심 앞에서 "당신이 누구십니까? 나는 그럴 만한 능력이 없습니다" 하면서 피해 갈 이유를 계속해서 찾았지요. 사사 기드온 역시 부르심 앞에서 하나님께 계속 기적을 요구했습니다. 하나님을 믿으면서도 부르심을 신뢰하지는 못했던 것 같습니다. 그런가 하면 아예 부르심을 피하여 도망간 사람도 있습니다. 바로 요나입니다. 그러나 하나님은 끝까지 그를 추적하십니다. 요나의 마음은 끝까지 불편했습니다.

그렇다면 신앙인들에게는 이런 의문이 들지 모르겠습니다. '과연 부르심은 평안한 것인가?' 이 질문을 깊이 묵상하다 보니 '부르심'과 '순종'의 관계에 대해 생각해 보게 되었습니다. 부르심이 있기에 우리 삶에 순종의 순간이 찾아옵니다. 만약 지금 순종에 대한 고민을 하고 있다면 이미 부르심이 있다는 증거입니다.

문제는 우리 삶에 순종이 흔쾌히 이루어지지 않는다는 것입니다. 하나님의 부르심이 우리가 세워 놓은 인생의 계획과 같으면 좋을 텐데, 하나님의 생각은 우리의 생각과 다를 때가 많습니다. 그런데 중요한 것은 순종이 부르심을 평안하게 만든다는 것입니다. 부르심은 하나님과 우리 사이에 갈등을 유발하지만 순종은 그 갈등을 해소합니다.

신앙인들을 이렇게 분류해 볼 수 있지 않을까요? 첫째, 부르심과 무관하게 살아가는 인생입니다. 이들에게는 고민이 존재하지 않습니다. 단지 육신의 소욕을 따라 본능대로 사는 것이죠. 본능대로 열심히 사는 사람은 사실 가장 게으르고 무책임한 삶을 살게 마련입니다.

둘째, 부르심을 고민하는 인생입니다. 부르심을 찾으려고 무척 노력하는 사람들이죠. 이렇게 노력할수록 고뇌가 깊어집니다. 무엇보다 부르심을 따라 사는 인생이 버겁게 느껴져 때로 자포자기합니다. 인생을 고민하면서 주변 사람들을 피곤하게 합니다.

셋째, 부르심 앞에서 결단하는 인생입니다. 결단은 결심하고 끊어 내는 것입니다. 자신의 생각을 꺾는 것입니다. 결단은 순종을 가능하게 하고, 순종은 평안을 만들어 냅니다.

아나니아가 자신의 고집을 꺾고 하나님의 명령을 따라 순종했더니 나타난 현상들이 있습니다. 그가 순종하지 않았더라면 이런 일은 일어나지 않았을 것입니다.

> 즉시 사울의 눈에서 비늘 같은 것이 벗어져 다시 보게 된지라 일어나 세례를 받고 **행 9:18**

어떤 인생이 가장 복되다고 할 수 있을까요? 저는 개인적으로 '쓰임받는 인생'이라고 생각합니다. 누구나 자기에게 주어진 삶을 살아갑니다. 그러나 모두가 쓰임받고 영향력을 발휘하지는 않습니다. 쓰임받는 것은 순종과 밀접한 관계가 있습니다.

선지자 아나니아는 사도행전 9장에서 처음으로 등장하는 인물이요, 이후에 초대교회 역사에서도 그렇게 중요한 역할을 감당한 사람은 아닙니다. 그런데 이 아나니아의 순종을 기점으로 사도행전의 주인공이 바뀝니다. 바로 초대교회에서 예수님 이후에 가장 영향력 있는 인물, 바울이 회심한 것입니다. 이 일이 가능했던 것은 아나니아의 순종이 있었기 때문입니다.

순종이란 무엇일까요? 언젠가 제가 쓴 글입니다.

"때때로 우리는 기도하는 것으로 순종을 대신하려고 합니다. 하지만 순종은 기도보다 더 어렵습니다. 왜냐하면 우리는 기도하므로 아무것도 하지 않거나 순종하지 않는 것들에 대하여 변명할 수 있으니 말입니다. 순종은 기도보다 위대합니다. 하지만 기도하지 않는 사람들에게 '순종의 순간'은 오지 않습니다. 종종 기도하는 자들에게 순종은 자신의 고집을 꺾는 것을 의미하기도 합니다."

아나니아의 순종은 그가 사람들에게 들었던 지식이 아니라, 하나님의 말씀을 따르기로 작정하면서 나타난 일입니다. 이런 일은 이후에 베드로와 고넬료의 만남에서도 동일하게 일어납니다.

순종이 맺는 열매

그런 상상을 해 봅니다. 만약 아나니아가 순종하지 않았다면 어땠을까요? 사울이 눈을 뜨지 못하고 이방인들의 사도가 되지 못했을까요? 우리는 바로 대답할 수 있습니다.

"아니요!"

만약 아나니아가 순종하지 않았다면, 하나님의 최선책이 작동하지 않았다면 차선책이 채택되었을 것입니다. 아나니아가 아닌 다른 사람이 그 자리에서 하나님께 쓰임받았을 것입니다. 물론 하나님의 방책은 언제나 최선입니다. 차선책이란 표현보다는 첫째, 둘째, 셋째 방법이라는 표현이 더 적절할 수도 있습니다.

어쨌든 이런 상상은 참 두렵습니다. 만일 우리가 하나님의 최선책의 위치에서 결단의 순간을 맞이했는데 순종하지 않는다면 하나님은 우리가 생각할 수 없는 다른 방식으로 일하시는 것은 아닐까요? 어떤 분들은 말합니다. 신앙의 연수가 쌓이고 나이가 들어 가면서 경험도 같이 쌓여 더더욱 꺾기 힘든 고집이 생긴다고 말이지요. 신앙생활을 오래 하면 믿음이 깊어져야 하지 않습니까? 그런데 더는 기적이나 하나님의 역사가 일어나지 않습니다. 왜 그렇습니까? 우리가 쉽게 순종하던 때는 하나님의 기적들이 우리 인생에 나타났는데, 이제는 고집을 꺾지 않으니 하나님의 기적이 보이지 않는 것입니다.

그러나 아나니아는 자신의 고집을 꺾고 순종했습니다. 그러자 어떤 일이 일어났습니까?

첫째, 순종은 기적을 낳았습니다. 아나니아가 하나님의 말씀에 순종하여 사울의 눈에 손을 대고 안수하니, 그의 눈에서 비늘 같은 것이 벗어져 그가 다시 보게 되었습니다. 그리고 사울은 자리에서 일어나 세례를 받았습니다.

만약 누군가가 '성령께서 마음에 감동을 주실 때는 어떻게 해야 하나요?' 하고 묻습니다. 그러면 모두 '순종해야죠!'라고 대답합니다. 그런데 순종은 말처럼 쉽지 않습니다. 감동 다음에 '가능할까?'라는 생각이 찾아오기 때문입니다. 중요한 사실은 순종하지 않는 자에게는 어떤 결과도 기대할 수 없다는 것입니다.

묵상 팀의 한 청년의 나눔입니다.

"저는 신중하게 행동하려고 많이 노력합니다. 성령님이 감동을 주시면 한 번 더 여쭤 봅니다. 예를 들어, '한셈치고' 헌금할 때 금액에 대한 고민이 생겼습니다. 기꺼이 감사함으로 헌금을 드리고 싶은데 어느 정도의 금액이 적절할지는 성령님이 확실하게 알려 주지 않으셨습니다. 50만 원은 뭔가 빠진 것 같고 100만 원은 부담이 될 것 같았습니다. 돈의 크기보다도 기쁜 마음으로 헌금할 수 있는 금액이 얼마일까 궁금했습니다. 그래서 하루 이틀 주님이 주실 신호를 신중하게 기다렸습니다. 성경 통독도 하고, 사람들과 교제도 하면서 하루하루 일과를 보냈습니다. 그러면서 종종 주님께 '얼마를 헌금할까요? 어느 정도를 흘려보내기 원하시나요?' 질문하였습니다.

결과적으로 주님이 계시하시듯이 숫자를 발견하게 하시거나 명확하게 깨닫게 하지 않으셨습니다. 하지만 자연스럽게 성경을 사모하는 제 마음이 헌금에 흘러가기를 바라게 됐고, 성경 66권을 기억하며 기쁜 마음으로 66만 원을 헌금했습니다. 성령님이 감동을 주실 때는 주님께 여쭤 보고 마음을 나누고 느끼면서 주님과의 귀한 추억 하나가 생기는 것 같습니다."

둘째, 순종은 사람을 세웁니다. 사울을 사도로 세웠던 인물이 바나바라는 것을 우리는 알고 있습니다. 하지만 바나바가 사울을 세울 수 있었던 배경에는 다음 말씀이 자리 잡고 있습니다.

> 19 음식을 먹으매 강건하여지니라 사울이 다메섹에 있는 제자들과 함께 며칠 있을새 20 즉시로 각 회당에서 예수가 하나님의 아들이심을 전파하니 행 9:19-20

사실 이 구절은 사도행전에서 일어난 여러 가지 기적의 사건들에 비하면 아무것도 아닌 것처럼 보입니다. 사울이 "다메섹에 있는 제자들"과 며칠 있었다고 합니다. 여기서 말하는 제자들은 누구일까요? 구체적으로 이름이 언급되지는 않았습니다. 아마도 예수님을 만났거나 오순절 성령 강림의 역사를 통해 복음을 받아들인 사람들일 것입니다.

그런데 조금만 생각해 보면, 그 며칠이 사울의 인생에서 아주 중요한 역할을 했음을 알게 됩니다. 사울이 눈을 떠 다시 보게 되고, 예수님을 구주로 받아들이는 세례를 받았지만 그의 지식은 일천했을 것입니다. 그때까지 그는 예수 믿는 사람들을 잡아 죽이려고 혈안이 되어 있었으니 말입니다.

한 사람의 순종이 탄생시킨 바울

은혜를 경험하면, 그 후 받은 은혜를 내면화하고 정리하는 시간이 있어야 합니다. 그래야 은혜를 전할 수 있습니다. 이 며칠 동안 제자들과 함께하며 사울은 예수님에 대하여 많은 것을 배웠을 것입니다. 지금 사울이 감정적으로 얼마나 뜨거운 상태였겠습니까? 기적이 사울의 인생에 감정적 변화를 가져왔다면, 믿음의 공동체에서 제자들과 함께 지내며 그는 지적 변화를 경험했을 것입니다.

그런데 이 일을 가능하게 한 사람이 누구입니까? 아나니아입니다. 그는 우리에게 잘 알려진 선지자는 아니지만 그 지역에서는 모두가 존경하던 사람이었을 것입니다. 그런 아나니아가 사울의 눈에 안수하고 세례를 베풀어 그를 보증한 것입니다. 사울은 당시 초대교회에서 '낙인'이 찍힌 요주의 인물입니다. 누군가 용기 있게 그를 변호하고 보증해 주지 않았더라면 사도로서 쓰임받기가 쉽지 않았을 것입니다. 그런데 아나니아가 그를 보증함으로써 그 세례 장면을 목격한 제자들은 자연스럽게 사울을 공동체에 받아들였을 것입니다. 바나바가 사울을 공적 자리로 이끌어 낸 사람이라면, 아나니아는 사울이 공적 자리로 나아갈 수 있는 자격을 만들어 준 사람입니다.

혹시 하나님이 부르신 사람을 앞에 두고 그는 그 자리에 어울릴 만한 사람이 아니라고 외면하고 있지는 않습니까? 사람은 그렇게 쉽게 바뀌지 않는다면서, 그를 믿었다가는 우리가 실망하게 될 거라면서 경험을 들어 고집부리고 있지는 않습니까? 그런데 하나님이 누군가를 부르셨을 때 우리가 그 사람을 보고 의심하는 것이 아니라 하나님의 일하심을 기대할 수 있다면, 하나님을 믿음으로 그 사람을 보증할 수 있다면 이것이 얼마나 복된 일이겠습니까? '그 사람은 안 되는 사람이야'가 아니라, '그 사람은 하나님이 쓰실 수 있는 사람이야'라고 고백할 수 있는 것이야말로 진짜 믿음이 아닐까요?

바울이 회당에 가서 예수님을 전하기 시작하자 그에게 위기가 찾아옵니다. 유대인들과 대제사장들의 입장에서 보면 사울이 배교자가 된 것입니다. 그의 행동이 유대인들을 매우 당혹케 만들었습니다. 결국 유대인들이 그를 죽이기로 공모하고 사울은 광주리에 담긴 채로 성벽을 내려가 도망칩니다(행 9:23-25). 그리고 그는 아라비아로 갔다고 하는데(갈 1:17), 여기서 말하는 아라비아는 지금의 사우디아라비아가 아니라 당시 다메섹을 통치하던 '나바테아 왕국'입니다. 나바테아 왕국은 다메섹에서 그리 멀지 않은 곳으로, 지금의 요르단 지역에 있습니다. 아마도 바울이 3년 정도 그곳에서 머물러 말씀을 연구했을 뿐만 아니라 복음을 전했던 것 같습니다. 그리고 3년 후 바나바는 제자들에게 바울을 소개했는데, 그 모든 일이 가능했던 것은 바로 아나니아가 있었기 때문입니다.

때때로 부르심이 우리를 불편하게 할 수도 있습니다. 아니, 부르심이 불편하지 않다면 이상한 일입니다. 왜냐하면 그 부르심은 우리의 생각이 아니라 위로부터 오는 하나님의 뜻이기 때문입니다. 제가 언젠가 했던 설교 내용이 결론이 될 것 같습니다.

"우리 인생에 중요한 물음이 있습니다. 과연 우리 삶의 목적은 생존입니까, 순종입니까? 생존이 목적이 되면 우리는 결코 옳은 것을 선택하지 못합니다. 편안한 것을 선택합니다. 그러나 순종을 목적으로 하고 산다면 우리는 편안함이 아니라 옳은 것을 선택합니다. 옳은 것과 편한 것 사이에서 하나님의 뜻이 무엇인지를 구별하는 게 필요합니다. 과연 나는 편한 것과 옳은 것 중 무엇을 추구합니까? … 순종에 진짜 필요한 것은 용기라고 생각합니다. 용기가 있으면 순종하게 되는데 용기가 없으면 순종하기 어렵습니다. 그런데 용기를 가져다주는 게 믿음 아닐까요?"

6장

하나님을 만나는 자리가
따로 필요한가요?

◌ "하나님은 모든 것을 다 아시는데 왜 기도해야 하나요? 정해진 시간에 꾸준히 기도하는 게 인생에서 왜 중요한가요? 시간날 때 틈틈이 기도하면 안 되나요?"

9 이튿날 그들이 길을 가다가 그 성에 가까이 갔을 그때에 베드로가 기도하려고 지붕에 올라가니 그 시각은 제 육 시더라 10 그가 시장하여 먹고자 하매 사람들이 준비할 때에 황홀한 중에 11 하늘이 열리며 한 그릇이 내려오는 것을 보니 큰 보자기 같고 네 귀를 매어 땅에 드리웠더라 12 그 안에는 땅에 있는 각종 네 발 가진 짐승과 기는 것과 공중에 나는 것들이 있더라 13 또 소리가 있으되 베드로야 일어나 잡아 먹어라 하거늘 14 베드로가 이르되 주여 그럴 수 없나이다 속되고 깨끗하지 아니한 것을 내가 결코 먹지 아니하였나이다 한대 15 또 두 번째 소리가 있으되 하나님께서 깨끗하게 하신 것을 네가 속되다 하지 말라 하더라 16 이런 일이 세 번 있은 후 그 그릇이 곧 하늘로 올려져 가니라

행 10:9-16

데이비드 맥캐스랜드(David McCasland)가 쓴 《오스왈드 챔버스의 순종》을 읽으며 목회자로서 도전을 받은 구절이 있습니다. 오스왈드 챔버스는 집회 전에 반드시 어디론가 조용히 사라져서 주님과 단 둘만의 시간을 보내곤 했다고 합니다. 챔버스는 사람들에게 이렇게 말하곤 했답니다.

"말씀을 준비하기 위해서가 아니라 나 자신을 준비하기 위해서 기도합니다."

사도행전 10장 9-16절 말씀은 아주 유명한 이야기입니다. 베드로가 고넬료를 만나기 전 환상을 보게 되는 이야기지요. 흔히 이 부분을 읽을 때 '베드로가 고넬료를 만나지 않았더라면 어떤 일이 일어났을까?' 혹은 '베드로가 자신이 가지고 있던 유대인의 고정관념을 버리지 않았더라면 어떤 일이 일어났을까?'라는 질문을 가지고 접근하곤 합니다.

우리는 이미 결과를 알고 있습니다. 베드로는 고넬료의 청을 받아들였고, 당시 로마 황제에게 헌정된 아름다운 도시 가이사랴에 방문했지요. 도저히 만날 수 없는 신분인 이달리야 부대의 백부장과 욥바에 머물던 유대인 베드로가 만난 것입니다.

저는 이 말씀을 묵상하면서 이전에 익히 던졌던 전통적인 질문보다도 베드로와 고넬료가 만날 수밖에 없었던 필연적인 이유를 생각해 보려고 합니다. 그들의 만남은 결코 우연이 아니었습니다.

하나님 앞에 쓰임받을 만한 소양

고넬료가 베드로에게 사람을 보내 그를 초청합니다. 그런데 이 일은 당시 사회적 통념, 문화적 이질성, 종교적 차이로 봤을 때 쉬운 일이 아니었습니다. 그런데도 이달리야의 백부장인 그가 이 일을 감행한 것은 하나님의 음성을 들었고, 여기에 순종했기 때문이지요. 우리는 '하나님의 말씀에 순종한 고넬료의 믿음이 귀하다'고 말하곤 합니다.

> **5** 네가 지금 사람들을 욥바에 보내어 베드로라 하는 시몬을 청하라 **6** 그는 무두장이 시몬의 집에 유숙하니 그 집은 해변에 있다 하더라 **행 10:5-6**

그렇다면 베드로의 입장에서는 고넬료의 초청에 응하는 일이 쉬웠을까요? 베드로 역시 쉽지 않았을 것입니다.

> **19** 베드로가 그 환상에 대하여 생각할 때에 성령께서 그에게 말씀하시되 두 사람이 너를 찾으니 **20** 일어나 내려가 의심하지 말고 함께 가라 내가 그들을 보내었느니라 하시니 **행 10:19-20**

당시에 예수님의 제자였던 사도가 이방인에게 가서 복음

을 전한다는 것은 쉬운 일이 아니었습니다. 그럼에도 베드로는 고넬료의 초청을 수락했고, 이 둘의 만남이 이루어집니다. 말씀에 순종했기 때문에 가능한 일이었습니다. 여기에서 중요한 사건은 베드로에게 나타난 환상입니다. 비록 고넬료가 이방인이지만 하나님이 허락하신 사람이니 못 만날 이유가 없고, 그 가정에 찾아가 말씀을 전하지 못할 이유가 없다는 것입니다.

사도행전 10장 사건은 교회사적으로 아주 중요한 의미가 있습니다. 우리는 전에 스데반이 순교하는 모습을 살펴보았습니다(8장). 스데반 사건은 하나님의 계획, 즉 사도행전 1장 8절을 하나님이 이루어 가시는 과정입니다. 그 현장에 있던 사울이 회심을 하고(9장), 이제부터 사도행전의 주인공은 예수님의 열두 제자가 아니라 사도 바울로 바뀝니다. 물론 전체적인 주제는 '성령님의 역사'인데, 성령님이 사용하시는 핵심 인물이 바뀐 것입니다. 더 중요한 것은 사도행전의 주인공이 바뀌는 것 역시 부활하신 주님께서 이미 예비하신 일이라는 사실입니다.

오직 성령이 너희에게 임하시면 너희가 권능을 받고 예루살렘과 온 유대와 사마리아와 땅 끝까지 이르러 내 증인이 되리라 하시니라 **행 1:8**

지금 일어나고 있는 일들은 즉흥적인 사건도, 사람에 의해 좌지우지되는 일도 아닙니다. 이 모든 과정이 철저하게 하나님의 계획 가운데서 일어나고 있습니다. 지금 나에게 일어나는 일들은 어떻습니까? 지금 내가 하고 있는 일들, 나를 둘러싸고 있는 이 일들이 하나님의 계획 가운데 일어나고 있다고 확신합니까?

하나님의 계획 중심에 베드로와 고넬료의 만남이 있습니다. 이들의 만남은 기독교 역사에 한 획을 그을 만한 일이었습니다. 그런데 거기에는 '결단의 순간'이 있습니다. '내가 베드로에게 사람을 보내야 할까?' 혹은 '내가 고넬료를 만나야 할까?' 하는 질문과 함께 결단의 순간을 맞이한 것입니다. 그러면 이렇게 생각해 봅시다. 성경에 등장하는 많은 인물은 당연히 그 자리에 있을 만한 사람들입니까? 그들은 결단의 순간에 말씀에 순종했기 때문에 그 자리에 있는 것입니다. 순종했기 때문에 하나님의 일을 이루어 가는 데 쓰임받을 수 있었고, 성경에 기록되어 후대에까지 이름이 알려지게 된 것입니다.

만일 그들이 순종하지 않았다면 그 자리는 다른 사람의 이름으로 대체되지 않았을까요? 하나님의 계획을 위해 캐스팅된 사람들이 그 역할을 다하지 않는다면 인물이 바뀌지 않았을까요?

〈수상한 그녀〉라는 영화로 많이 알려진 배우 심은경은

2014년 스무 살의 나이로 백상예술대상 최우수연기상을 수상했습니다. 그의 수상소감이 참 인상적이었습니다. 수상을 전혀 예상하지 못했던 그는 "너무 죄송합니다. 어린 제가 받아서"라고 말했습니다. 2020년, 심은경은 일본의 아카데미시상식에서 최우수 여우주연상을 받았습니다. 해당 시상식이 시작된 이래 처음으로 한국 배우가 이 상을 받았다고 합니다. 여기에서도 그는 울음을 삼키며 "수상을 전혀 예상하지 못해서 아무런 준비를 못 했다. 죄송하다. 열심히 하겠다"고 수상소감을 전했습니다. 이후 심은경의 인터뷰 기사를 읽었습니다. 그가 일본 진출을 도전했던 2017년은 한국에서 탄탄한 입지를 구축하던 때였다고 합니다. 그러니 일본어를 배우며 시작해야 하는 도전이 무모하다는 말이 있었답니다. 그녀는 자신이 쌓아 온 커리어에 의존하지 않고 갓 데뷔한 신인처럼 한 계단씩 밟아 그와 같은 결과를 얻었다고 합니다. 그는 인터뷰에서 아주 인상적인 한마디를 했습니다.

"배우의 핵심은 '커리어'보다는 '소양'에 있다."

우리는 흔히 성공한 사람들이 이루어 낸 결과만 보고 판단할 때가 많습니다. 그 결과에 다다르기까지 그 사람의 내면과 이면에 무슨 일이 있었는지는 보려고 하지 않습니다. 배우 심은경에게 이런 영광이 돌아온 것은 그만큼의 소양을 갖추기 위해 노력했기 때문 아닐까요?

저는 '커리어보다는 소양'이라는 그의 말이 그리스도인에게도 적용할 수 있다고 생각합니다. 그리스도인에게는 하나님께 쓰임받는 것이 가장 복된 일인데, 이때 중요한 것은 우리의 커리어가 아닙니다. 얼마나 신앙생활을 오래 했느냐도 중요하지 않습니다. 중요한 것은 '하나님 앞에 쓰임받을 만한 소양을 갖추고 있는가?'입니다.

베드로와 고넬료의 신앙적 결단이 쉽지 않았을 것입니다. 그러나 이 두 사람이 결단의 순간에 설 수 있었던 이유가 있습니다. 신앙생활을 한다고 해서 누구나 결단의 순간에 서는 것이 아닙니다. 적어도 그 자리에 서기 위해서는 하나님의 음성을 들을 뿐 아니라, 하나님의 역사 가운데 함께 일하는 동역자로 서 있어야 합니다. 이것이 중요합니다.

베드로와 고넬료에게는 공통점이 있었습니다. 그들은 정해진 시간에 기도했습니다. 그들은 커리어가 아니라 소양을 갖추고 있었습니다. 그랬기 때문에 하나님은 이들을 들어 쓰실 수 있었던 것입니다.

정해진 시간에 기도하지 않았다면

아브라함 J. 헤셸(Abraham Joshua Heschel)의 《안식》 첫머리에 그의 딸이 아버지를 생각하며 적은 글이 있습니다.

"우리가 어떤 사람이 될 것인지는 안식일이 우리에게 어떤 날이 되느냐에 달려 있다. 안식일은 단지 토요일에 태어나는 것이 아니다. 아버지는 우리가 한 주의 나머지 엿새 동안 어떻게 행동하느냐가 안식일 경험의 깊이를 결정한다고 말씀하신다. 한 주의 나머지 엿새는 안식일로 나아가는 순례 여행이다."

매일 말씀을 묵상하고 고민하는 사람의 주일 예배와 성경 한 번 들춰 보지 않은 사람의 주일 예배가 어떻게 같을 수 있겠습니까? 마찬가지로 기도 한 번 하지 않고 편히 사는 사람과 매일 정해진 시간에 기도하는 사람의 인생은 다를 수밖에 없습니다. 저 역시 그렇습니다. 드러나는 것은 주일 단에 서서 설교하는 한 시간이지만, 설교를 준비하는 엿새와 그동안 살아온 시간이 있습니다. 그런데 우리는 누군가의 결단의 순간을 부러워할 뿐, 그 사람에게 그 순간이 올 수밖에 없었던 이유에 대해서는 생각하지 않는 것 같습니다. 베드로와 고넬료의 결단의 순간은 일회적인 사건이 아닙니다. 그들의 삶에서 계속되던 일 중 한 순간이었다는 생각을 합니다. 삶을 거룩하게 만드는 과정을 통해 그 순간이 구별된 것입니다.

> 이튿날 그들이 길을 가다가 그 성에 가까이 갔을 그때에 베드로가 기도하려고 지붕에 올라가니 그 시각은 제육시더라 행 10:9

2 그가 경건하여 온 집안과 더불어 하나님을 경외하며 백성을 많이 구제하고 하나님께 항상 기도하더니 3 하루는 제구시쯤 되어 환상 중에 밝히 보매 하나님의 사자가 들어와 이르되 고넬료야 하니 행 10:2-3

베드로가 기도하려고 제육시에 지붕에 올라갔다고 합니다. 지금으로 말하면 정오쯤 되는 시간입니다. 고넬료가 기도했던 제구시는 오후 3시쯤입니다. 아마도 이 시간은 베드로가 정해 놓은 규칙이거나 유대인의 관례를 따른 것으로 보입니다. 성령 강림 후 성전 미문에서 못 걷는 자를 일으켰던 첫 번째 기적도 이렇게 시작되었습니다.

제구시 기도 시간에 베드로와 요한이 성전에 올라갈새 행 3:1

그런데 문제가 생겼습니다. 스데반의 순교로 그리스도인들이 박해를 받기 시작했습니다. 그들은 예루살렘 성전에 머물 수 없었고 모두 흩어져야 했습니다. 공적인 자리에서 기도할 수 없게 되었습니다. 무슨 이유에서인지 지금 베드로는 욥바에 머무르고 있습니다. 늘 기도하던 자리에서 기도할 수 없는 상황이었지만 그럼에도 베드로는 정해진 시간에 기도했습니다. 기도와 신앙은 장소의 문제가 아닙니다.

베드로는 정해진 시간이 되자 처한 장소에서 하나님과 친밀히 교제했습니다.

그리고 베드로는 기도하기 위해 지붕으로 올라갔습니다. 왜 지붕이었을까요? 지붕은 생활권과 분리된 장소지요. 베드로는 아마도 사람들 눈에 띄지 않는, 누구에게도 방해받지 않는 장소를 찾아 올라간 것 같습니다. 그리고 그곳에서 그의 인생에서 중요한 결단의 순간을 맞이합니다.

또 한 가지 아주 흥미로운 것은 하나님이 베드로에게 말씀을 전달하시는 방식입니다.

> 그가 시장하여 먹고자 하매 사람들이 준비할 때에 황홀한 중에 **행 10:10**

정오에 기도하러 올라갔으니 한참 배가 고플 것입니다. 그런데 하필 음식으로 환상을 보여 주셨습니다. 베드로가 배가 고프지 않았다면 과연 하늘에서 내려오는 음식을 주목했을까요? 배가 고프니 그 음식이 무엇인지 주목하지 않았을까요? 우리가 하나님과 교제할 때 하나님은 우리가 가장 잘 이해할 수 있는 방식, 가장 민감하게 반응할 수 있는 아주 일상적인 방식으로 다가오시는 것이 아닐까요?

이제 고넬료의 이야기로 돌아가 보겠습니다. 사도행전 10장 2-3절을 《메시지》는 이렇게 표현하고 있습니다.

"그는 자기 집안사람들 모두가 하나님 앞에서 예배하며 살도록 이끌었다. 뿐만 아니라 늘 어려운 사람들을 도와주었고, 기도가 몸에 배어 있었다. 하루는 오후 세 시쯤에 그가 환상을 보았다."

베드로와 고넬료가 환상을 보았던 시간과 장소는 평소에 하나님과 친밀함을 유지하던 때와 장소였습니다. 하나님은 그들의 삶 속에서 아주 친밀하게 다가와 말씀하셨습니다. 베드로에게 정해진 시간, 친밀함의 순간이 없었더라면 그에게 결단의 순간조차 오지 않았을 것입니다.

때때로 우리 삶에서 결단의 순간들이 참 부담스럽습니다. 피하고 싶을 때도 있고, 잘못된 선택의 결과로 찾아올 일들이 두려울 때도 있습니다. 그런데 가만히 생각해 보면, 결단의 순간을 맞이하는 것은 축복이며, 그런 순간을 맞이하는 사람에게 순종의 기쁨이 찾아온다는 것이 참 놀라운 일이 아닐 수 없습니다.

말씀 앞에서 깨어져야 할 내 고집은 무엇인가

베드로가 고민할 수밖에 없었던 상황을 보겠습니다.

11 하늘이 열리며 한 그릇이 내려오는 것을 보니 큰 보자기

같고 네 귀를 매어 땅에 드리웠더라 12 그 안에는 땅에 있는 각종 네 발 가진 짐승과 기는 것과 공중에 나는 것들이 있더라 13 또 소리가 있으되 베드로야 일어나 잡아 먹어라 하거늘 14 베드로가 이르되 주여 그럴 수 없나이다 속되고 깨끗하지 아니한 것을 내가 결코 먹지 아니하였나이다 한대 15 또 두 번째 소리가 있으되 하나님께서 깨끗하게 하신 것을 네가 속되다 하지 말라 하더라 행 10:11-15

만일 기도 중에 하나님의 음성을 듣는다고 해도 순종하기가 쉽지 않습니다. 제가 신학교에서 공부하던 시절, 문득 이런 의문이 들었습니다. '당시에 유대인들은 왜 예수님을 믿지 못했을까?'

그분은 어느날 갑자기 나타나신 분이 아닙니다. 구약에서 예언한 메시아입니다. 게다가 예수님은 그들의 눈앞에서 놀라운 기적을 행하셨고, 지금까지 들어 보지 못했던 놀라운 말씀을 전하셨습니다. 어떻게 죽은 자를 살리시는 현장에 있던 사람들이 예수를 안 믿을 수 있었을까요? 물이 포도주로 변하는 순간을 목격하고도 어떻게 그 일을 하신 분을 알아보지 못할 수 있었을까요?

이유가 있습니다. 사람들은 눈앞에서 예수님이 기적을 행하셔도 내 상식, 내 생각을 쉽게 바꾸려 하지 않습니다. '저건 있을 수 없는 일이야' 하고 마음먹고 나면 죽은 자가 살아나는 기적을 봐도 그 사건이 마음에 들어오지 않습니다.

베드로도 그랬습니다. 정해진 시간에 기도할 때 황홀한 중에 하늘이 열리며 큰 보자기 같은 것이 네 귀퉁이가 묶여 땅으로 내려옵니다. 그 속에 각종 네 발 가진 짐승과 기는 것과 공중에 나는 것이 있습니다. 지금 베드로는 허기가 진 상태입니다. 하늘에서 잡아먹으라는 음성이 들렸습니다. 그런데 베드로는 그럴 수 없다고 하죠. 하나님은 세 번씩이나 "먹어라" 하셨지만 베드로는 말을 듣지 않았습니다. 하나님의 말씀에 순종하기란 이렇게 쉽지 않습니다.

오늘, 하나님의 말씀 앞에서 내 안에 깨어져야 할 것은 무엇입니까? 오랫동안 가지고 있던 고정관념입니까, 가치관입니까, 습관입니까? 하나님이 말씀하실 때 이런 것들이 깨어지지 않으면 우리는 결단의 순간에 설 수도, 말씀에 순종할 수도 없습니다.

C. S. 루이스(Lewis)는 《순전한 기독교》 서문에 자신이 이 책을 쓰게 된 동기를 이렇게 소개합니다.

"저는 이른바 '나의 종교'를 설명하기 위해서가 아니라 '순전한' 기독교, 즉 제가 태어나기 오래전부터 저의 호오(好惡)와 상관없이 이미 그러했으며 지금도 그러한 기독교를 설명하기 위해 이 책을 쓰고 있습니다."

그의 말은 지금 베드로의 상황과도 일치합니다. 우리의 고민이 늘 그렇습니다. 순전한 신앙 때문에 고민하는 것이 아닙니다. 내가 가지고 있는 신앙 때문에 때로는 하나님의 인도하심을 받지 못하기도 하고, 때로는 대척점에 서기도 합니다.

우리나라 초기 선교 역사에도 비슷한 이야기가 있습니다. 양화진에 묻혀 있는 선교사들 가운데 새뮤얼 무어(Samuel F. Moore)는 1892년 32세의 나이로 조선 땅을 밟았습니다. 그는 지금의 소공동 롯데호텔 자리인 곤당골에 새문안교회 이후 두 번째 장로교회인 곤당골교회를 세웠습니다. 그는 무엇보다 조선 사람의 교육에 힘을 기울였습니다. 그가 열었던 예수학당에 봉출이라는 백정 박씨의 아들이 있었습니다. 당시 조선의 엄격한 신분 사회에서 백정은 인간 취급을 받지 못하던 계층이었습니다. 어느 날, 무어는 봉출이의 아버지 백정 박씨가 장티푸스로 위독하다는 이야기를 듣고, 당시 고종 황제의 주치의이자 선교사였던 에비슨과 왕진을 가서 병을 고쳐 주었습니다. 이를 계기로 백정 박씨는 곤당골교회에 출석하게 되었고, 열심히 사람들을 전도하기 시작했습니다. 무어는 백정 박씨에게 박성춘이라는 이름을 지어 주고 세례도 베풀었습니다.

그런데 문제가 생겼습니다. 곤당골교회의 양반 성도들이 백정과 함께 예배를 드릴 수 없다고 항의한 것입니다. 그들은 백정을 내보내지 않으면 자신들이 교회를 떠날 것이라고 위협했습니다. 무어는 그들의 항의를 거절했고 양반들을 설득하려고 했습니다. 그러자 양반들은 교회에 출석하는 대신 양반과 백정이 앉는 자리를 구별해 달라고 요청했습니다. 무어는 양반들의 요구를 들어주지 않았습니다. 교회에는 그런 차별이 있을 수 없다고 일축하고 그들과 타협하지 않았습니다. 그러자 양반들은 곤당골교회를 떠나 홍문동에 따로 교회를 개척했습니다. 참 흥미롭지 않습니까? 하나님의 인도하심이 아니라, 교인 간에 생각이 맞지 않아서 교회의 개척이 이루어지니 말입니다.

교회가 텅 비자 난처해진 박성춘은 그 자리를 채우기 위해 백정들을 전도하기 시작했습니다. 그렇게 백정들이 모인 곤당골교회는 당시에 '백정 교회'라 불렸습니다. 그 후에 갈라져 나갔던 홍문동교회의 양반들이 잘못을 뉘우치고 돌아와 두 교회를 통합했습니다. 이것이 바로 현재 인사동에 있는 '승동교회'입니다. 당시 교인 100명 중 백정이 30명이나 되었다고 하니 얼마나 놀랍습니까? 더욱 놀라운 사실은 승동교회에서 박성춘이 장로가 되었고, 그 후 왕손이던 이재형도 장로가 되었습니다. 당시 조선의 신분 사회에서 백정과 왕족이 한 교회에서 같은 장로가 되었다는 것은 참으로 놀라운 일이었습니다. 만약 무어가 백정을 내보내려던 양반들의 요구를 들어주었더라면 어떻게 되었을까요? 교회는 사람의 생각에 기초한 것이 아니라 믿음의 고백 위에 세워지는 것입니다.

당시 승동교회에서는 무어의 후원과 지도 하에 박성춘을 포함한 백정들이 조선 정부에 '백정 해방'을 위한 탄원서를 수차례 제출했고, 백정도 국민의 자격을 얻어 호적에 오르는 감격을 누리게 됩니다. 130년 전 조선에서 가히 혁명적인 일이었습니다. 마르다 헌틀리(Martha Huntley)는 저서 《한국 개신교 선교 역사》(A History of the Protestant Mission in Korea)에서 무어의 백정 해방을 "세계를 뒤집어 놓은 사건"(turning the world upside down)이라고 소개했습니다. 그러면서 "링컨 대통령의 노예 해방 선언을 얻은 미국 흑인들의 기쁨은 한국 백정들의 기쁨보다 결코 더 크지 않았다"고 표현할 정도였습니다.

무어는 사역을 시작한 지 14년 만인 1906년 장티푸스에 걸려 46세의 나이로 세상을 떠나 양화진에 묻혔습니다. 그런데 그가 죽었다고 사역이 끝난 것이 아니었습니다. 박성춘의 아들 봉출이가 세브란스병원의 전신인 제중원의학교 1기 졸업생이 되었고, 이후 10년 동안 설립자인 에비슨 선교사와 함께 모교에서 교수로 재직했습니다. 이것이 말씀에 순종했던 한 사람 때문에 이 땅 조선에 일어났던 변화입니다. 이 이야기를 들으면서 다음 성경 구절이 생각났습니다.

> 당신들은 나를 해하려 하였으나 하나님은 그것을 선으로 바꾸사 오늘과 같이 많은 백성의 생명을 구원하게 하시려 하셨나니 창 50:20

하나님을 사랑하는 사람들, 곧 하나님의 뜻대로 부르심을 받은 사람들에게는, 모든 일이 서로 협력해서 선을 이룬다는 것을 우리는 압니다. 롬 8:28, 새번역

우리가 하나님께 쓰임받는 것이 분명하다면, 그 과정이 어려울지라도 하나님은 끝내 회복시켜 주십니다.

언젠가 장로님들과 함께 주일 아침마다 후안 카를로스 오르티즈(Juan Carlos Ortiz)의 《제자입니까》를 읽었습니다. 그때 읽은 내용 중 한 대목입니다.

"추수 때가 되면 감자들은 한꺼번에 뿌리에서 뽑혀서 한 자루 안에 담기게 된다. 어떤 뿌리에 달려 있었느냐는 문제 되지 않고, 한 자루 안으로 담기는 것이다. 그렇다고 감자들이 하나가 된 것이 아니다. … 여러 토막으로 잘리고 갈린다. 이제는 감자 본래 모습(individuality)을 상당 부분 잃었다. 그들은 '이제 주인이 원하는 모습으로 되었다'고 자신한다. 그러나 하나님이 원하시는 것은 '으깬 감자'(mashed potatoes)다. 여러 개의 감자 조각이 아니라 으깬 감자 '하나'다. 어떤 감자도 '내가 여기 있다. 나는 감자야'라고 당당하게 말할 수 없다. 내가 아니라 우리가 되어야 한다."

교회가 무엇인지, 주님이 머리 되시는 것이 무엇인지 다시 생각해 보아야 합니다. 오스왈드 챔버스의 《주님은 나의 최고봉》에 이런 내용이 나옵니다.

"고집을 부리며 자기주장대로 하면서 자신의 야망을 이루려고 할 때마다, 우리는 예수님의 마음을 아프게 합니다. 자기 권리를 주장하며 자신의 의도를 관철시키려고 할 때마다, 우리는 예수님을 핍박하는 것입니다."

지금 나에게 고집을 꺾어야 하는 일이 있다면 무엇입니까? 사도행전의 말씀은 단순히 성경의 역사로 끝나는 것이 아니라, 삶에서 생생하게 일어나야 하는 사건들입니다.

하나님의 생각이 우리 생각과 다를 수 있지만 잘못될 수는 없습니다. 하나님이 우리 생각보다 훨씬 크고 넓다는 것을 인정해야 합니다. 베드로가 그랬던 것처럼 우리는 스스로의 생각 속에 무언가를 가두려는 경향이 있습니다. 그러나 하나님은 가두어 놓은 우리의 생각을 넘어서라고 자꾸 격려하고 인도하십니다.

우리는 늘 하나님의 생각을 우리 선 안으로 가져오려고 합니다. 그러나 선 밖에 서서 하나님이 하시는 일을 보면, 신앙과 사역의 지경을 훨씬 더 넓힐 수 있습니다. 만약 베드로가 하나님이 "먹어라" 하셨을 때 끝까지 "저는 할 수 없습니다!" 했다면 그의 사역의 지경은 욥바에 머물렀을 것입니다. 그러나 결단의 순간 그가 용납할 수 없었던 가치관을 꺾고 하나님의 말씀을 수용했을 때 그의 지경이 가이사랴로 넓어졌습니다. 이것은 단순히 지역적 한계에 국한되는 것이 아닙니다. 당시 헬라문화의 중심인 로마로 복음이 확장되어

가는 시발점이 되었습니다. 하나님이 베드로에게 하신 "먹어라"라는 말씀이 이렇게 들릴 수도 있을 것 같습니다. "네 사역의 지경을 넓혀라!"

분명한 것은 하나님이 이방인인 이달리야 군대 백부장의 믿음을 귀하게 여기셨다는 것입니다. 그리스도 안에서 우리가 한 형제자매가 될 수 있음을 베드로와 고넬료의 만남을 통해 보여 주셨습니다. 우리는 이 둘의 만남이 가져온 결과에 주목할 필요가 있습니다. 베드로가 깨닫게 된 것이 있습니다.

> 34 베드로가 입을 열어 말하되 내가 참으로 하나님은 사람의 외모를 보지 아니하시고 35 각 나라 중 하나님을 경외하며 의를 행하는 사람은 다 받으시는 줄 깨달았도다 … 45 베드로와 함께 온 할례 받은 신자들이 이방인들에게도 성령 부어 주심으로 말미암아 놀라니 46 이는 방언을 말하며 하나님 높임을 들음이러라 행 10:34-46

무엇보다 놀라운 것은 하나님이 높임을 받으셨다는 것입니다. 할례받은 이들이 생각했던 편협한 하나님이 아니라, 온 세계를 다 품는 크신 하나님을 보게 된 것입니다. 이들의 생각과 삶의 지경이 얼마나 넓어졌을까요? 순종하지 않았다면 절대로 신앙이 성장하지 못했을 것입니다. 순종이 주는 유익과 결단의 순간에 서는 것이 왜 중요한지를 보여 주는 대목입니다.

제가 처음 만나교회에서 사역을 시작하면서 청년들을 데리고 단기선교를 시작했던 이유가 바로 여기에 있습니다. 종종 사람들은 단기선교를 가면 돈이 많이 드니, 그 돈을 그냥 선교지에 보내주면 훨씬 더 유익하지 않겠느냐고 말합니다. 그런데 돈보다 더 큰 가치가 어디에 있는지 압니까? 우리의 가치관과 세계관이 넓어지는 것입니다. 하나님의 생각과 하시는 일을 경험하는 것입니다.

누구나 하나님께 쓰임받을 수 있지만 모두가 쓰임받는 것은 아닙니다. 하나님과 친밀한 가운데 준비된 사람만이 결단의 자리와 결단의 순간에 서게 됩니다. 가장 불행한 것은 우리 중에 많은 사람이 그 순간, 그 자리에 설 기회조차 얻지 못한다는 것입니다. 오늘 우리가 그 결단의 자리에 설 수 있기를 바랍니다. 더 넓은 지경을 볼 수 있는 순종의 자리에 설 수 있기를 바랍니다.

7장

또 용서하고 믿어 줘야 하나요?

○ "우리를 거듭해서 실망시키는 사람들을 어떻게 대해야 하나요? 내게 실수했던 사람을 다시 믿어 주는 것이 실제로 가능한가요?"

24 바나바는 착한 사람이요 성령과 믿음이 충만한 사람이라 이에 큰 무리가 주께 더하여지더라 25 바나바가 사울을 찾으러 다소에 가서 26 만나매 안디옥에 데리고 와서 둘이 교회에 일 년간 모여 있어 큰 무리를 가르쳤고 제자들이 안디옥에서 비로소 그리스도인이라 일컬음을 받게 되었더라 행 11:24-26

36 며칠 후에 바울이 바나바더러 말하되 우리가 주의 말씀을 전한 각 성으로 다시 가서 형제들이 어떠한가 방문하자 하고 37 바나바는 마가라 하는 요한도 데리고 가고자 하나 38 바울은 밤빌리아에서 자기들을 떠나 함께 일하러 가지 아니한 자를 데리고 가는 것이 옳지 않다 하여 39 서로 심히 다투어 피차 갈라서니 바나바는 마가를 데리고 배 타고 구브로로 가고 40 바울은 실라를 택한 후에 형제들에게 주의 은혜에 부탁함을 받고 떠나 41 수리아와 길리기아로 다니며 교회들을 견고하게 하니라 행 15:36-41

그리스도인으로 살다 보면 종종 벽에 부딪히곤 합니다. 그중 '관용, 용납, 용서'라는 단어 앞에서 우리는 늘 쉽지 않습니다. 성경은 사랑은 오래 참고 모든 것을 참으며 모든 것을 믿는다(고전 13:4, 7)고 하지만 현실 상황에서 쉬운 일이겠습니까?

사도행전에 보면 관용과 용납을 놓고 첨예한 의견 대립이 등장합니다. 바로 2차 전도여행을 떠나려는 바울과 바나바가 그전에 중도 포기한 마가 요한을 다시 받아 줄 것인가 말 것인가를 놓고 대립하는 장면입니다. 바나바는 그의 실수는 인정하지만 다시 한번 기회를 줄 것을 요구했고, 바울은 절대 그럴 수 없다고 고집했습니다. 결국 이 둘은 합일점을 찾지 못했고, 심한 다툼 끝에 각자의 의견에 따라 갈라서고 말았습니다. 바나바가 마가 요한을 선택한 것입니다.

우리는 이 대목을 어떻게 이해할 수 있을까요? 그저 '바울 참 사람이 대쪽 같네' 하면서 성격 차이로 이해하면 되는 걸까요? 사실 우리는 잘못을 저지른 사람을 다시 믿어 주고 기회를 주기가 쉽지 않습니다. 재범의 위험 때문입니다. 그럼에도 과연 바나바처럼 위험을 감수하면서까지 누군가에게 관용을 베푸는 것이 맞습니까?

바울이 보낸 무명의 시간

바울은 다메섹 도상에서 회심한 이후 아나니아를 만나 눈을 뜨게 됐고, 거기서부터 복음을 전하기 시작했습니다. 그러나 그 결과는 그리 좋지 않았습니다.

> 22 사울은 힘을 더 얻어 예수를 그리스도라 증언하여 다메섹에 사는 유대인들을 당혹하게 하니라 23 여러 날이 지나매 유대인들이 사울 죽이기를 공모하더니 행 9:22-23

바울의 회심 사건은 9장 한 장으로 다루기에는 너무 많은 이야기가 축약되어서 이해하기 힘든 부분이 있습니다. 사실 바울이 회심하고 복음을 전했다고는 하지만, 그에게 어떤 지식이나 체계가 있었겠습니까? 단지 회심 직후의 뜨거운 마음이 원동력이 되지 않았을까 생각해 봅니다. 그러니 "유대인들을 당혹하게 하니라"는 말씀이 이해됩니다.

당시 유대인들은 그리스도인과 그리스도인을 박해하던 이들 두 부류가 있었습니다. 여기에서 말하는 유대인은 과연 어느 쪽이었을까요? 성경에는 명확하게 나와 있지 않지만 양쪽 다 당혹스럽기는 마찬가지였을 것입니다. 다만 이들은 그리스도인을 박해하던 쪽이 아니었을까 추론해 봅니다. 왜냐하면 당시 그리스도인들은 박해를 피해 도망다니던 처지였습니다.

23절을 보면 "여러 날"이 지났다고 했습니다. 그리고 유대인들이 "사울 죽이기를 공모"했다고 합니다. 도대체 그동안 무슨 일이 있었기에 이들의 태도가 이렇게 달라졌을까요? 그 와중에도 반대편에 있던 유대인들의 계교를 바울에게 알려 주고 그가 도망가도록 도운 제자들이 있었습니다.

> 24 그 계교가 사울에게 알려지니라 그들이 그를 죽이려고 밤낮으로 성문까지 지키거늘 25 그의 제자들이 밤에 사울을 광주리에 담아 성벽에서 달아 내리니라 행 9:24-25

이 부분이 참 이상하지 않습니까? 아직 바울은 사도가 되기 전입니다. 회심한 지도 얼마 안 되었습니다. 그런 와중에 벌써 제자들이 생겼고, 목숨을 걸고 바울을 도왔다는 것이 이해됩니까? 어쨌든 이런 가운데 바울은 도움을 받아 예루살렘으로 피신합니다.

> 사울이 예루살렘에 가서 제자들을 사귀고자 하나 다 두려워하여 그가 제자 됨을 믿지 아니하니 행 9:26

여기까지 묵상하면서 저는 풀리지 않는 질문들을 정리해 보았습니다. 첫째, 23절에서 말한 "여러 날" 동안에 무슨 일이 있었으며, 유대인들은 왜 바울을 죽이기로 공모했을까요? 둘째, 아직 사도가 되기도 전인 지금 그의 제자들은 어디에서 갑자기 툭 튀어나온 것일까요? 셋째, 바울은 무슨 인맥으로 갑자기 예루살렘으로 가서 제자들을 사귀고자 했을까요? 이런 의문을 풀어 주는 단서가 갈라디아서 1장 17-18절에 나옵니다.

> 17 또 나보다 먼저 사도 된 자들을 만나려고 예루살렘으로 가지 아니하고 아라비아로 갔다가 다시 다메섹으로 돌아갔노라 18 그 후 삼 년 만에 내가 게바를 방문하려고 예루살렘에 올라가서 그와 함께 십오 일을 머무는 동안 갈 1:17-18

이 말씀을 사도행전 9장과 잘 연결해 보기 바랍니다. 사도행전 9장 23절에 나와 있는 "여러 날"이라는 표현은 유대인들이 흔히 사용하는 말로, 단순히 '날'이 아닌 '오랜 기간'이라는 의미입니다. 그러니 갈라디아서 말씀과 연결하면 바울이 다메섹에서 예루살렘으로 가는 동안 3년의 기간이 있었고, 그 사이에 아라비아에 갔었다는 것입니다.

중요한 것은 바울이 그곳에서 '무엇을 했는가'입니다. 아마도 거기에서 말씀을 연구하고 사도로서 많은 자질을 갖추었을 것입니다. 요즘 고고학자들이 밝혀낸 바에 의하면 그곳이 현재 '페트라'라고 불리는 지역입니다. 페트라는 나바테아(Nabatea) 왕국의 도시인데, 바울이 살던 당시 아라비아, 즉 나바테아 왕국은 무역으로 상당한 부를 축적한 국가였습니다. 천혜의 요새로 지금도 페트라에 가 보면 불가사의한 고대 왕국의 면모를 볼 수 있습니다.

바울의 성정으로 보아 그가 3년 동안 아라비아에서 단순히 공부만 했을 것 같지 않습니다. 그곳에서 그가 복음을 전하는 과정 가운데 자연히 제자들이 생겼을 것입니다. 그리고 3년 후 그는 과거 회심했던 다메섹에서 복음을 전했고, 유대인들로부터 죽음의 위협을 받아 도망했습니다. 그리고 예루살렘에 가서 예수님의 제자들을 만난 것입니다. 그러나 결과는 참담했지요. 바울은 여전히 배척당합니다.

> 27 바나바가 데리고 사도들에게 가서 그가 길에서 어떻게 주를 보았는지와 주께서 그에게 말씀하신 일과 다메섹에서 그가 어떻게 예수의 이름으로 담대히 말하였는지를 전하니라 28 사울이 제자들과 함께 있어 예루살렘에 출입하며 29 또 주 예수의 이름으로 담대히 말하고 헬라파 유대인들과 함께 말하며 변론하니 그 사람들이 죽이려고 힘쓰거늘 30 형제들이 알고 가이사랴로 데리고 내려가서 다소로 보내니라 행 9:27-30

다메섹에 있던 바울을 사역의 현장으로 끌고 나온 사람이 누구입니까? 우리가 잘 알고 있는 바나바입니다. 바나바는 아직 바울이 배척받고 준비되지 않은 상황에서 그를 고향 다소로 보냈고, 다시 다소에서 데리고 나와 안디옥으로 향하기도 했습니다. 그러면 이쯤에서 우리에게는 궁금증이 생깁니다. 바나바는 바울의 사역에서 아주 중요한 인물로 꼽히는데, 과연 이 둘은 어떤 연관이 있는 걸까요? 이것과 관련해서 만나교회 한 묵상 팀원의 글이 도움이 될 것 같아 소개합니다.

"문득 바울과 바나바의 인연이 궁금했습니다. 만약 전혀 모르는 사람이었다면, 아나니아처럼 사울을 찾아가라는 주님의 어떤 말씀이 있지 않았을까요? 잘 모르는 사람인데도 계속 거부당하고 배척당하던 바울을, 어떻게 위험을 무릅쓰고 교회 공동체에 소개하고 믿음을 심어 줄 수 있었을까요? 성경에는 그저 13년간 칩거생활을 하던 바울을 찾아 고향 다소로 간 후, 그를 기독교 리더십에 소개하여 함께 사역한 정도의 이야기만 나오지요. CBS의 〈올포원〉에서 '우리가 몰랐던 믿음의 친구들'이라는 주제로, 바나바와 바울의 이야기가 소개된 적이 있습니다. 방송에서 순복음대구교회의 이건호 목사님은 '바나바와 베드로, 어떻게 바울을 친구로 받아들였을까요?'라는 질문에 성경에는 나오지 않는 내용이지만 연구 자료를 토대로 설명해 주었고, 궁금증이 다소 해소되었습니다.

바울이 바나바를 만난 것은 사역자가 되기 전 다소에서 예루살렘으로 유학왔을 때로, 바울은 열여섯 살이었고 바나바는 바울보다 다섯 살 연상이었다고 합니다. 당시 로마에는 우리로 말하면 동아리 같은 것들이 많았습니다. 그중 바울과 바나바는 '천상의 정원'이라는 이스라엘의 미래를 위한 유대인 청년들의 친교 단체에서 우정을 쌓았다고 합니다.

그러다가 이 둘은 신앙관 때문에 잠시 헤어지게 됩니다. 바나바가 먼저 예수님을 따르게 된 것이죠. 그러다가 바울이 다메섹에서 회심하여 주님을 만나 고생하면서 둘은 다시 재회했습니다. 바나바는 베드로와 예수님의 동생 야고보에게 처음으로 바울을 소개했습니다. 나중에 바울이 고향 다소로 돌아갔을 때도 바나바는 그를 안디옥교회로 초청해서 교사가 되도록 했습니다. 후에 바울의 사역인 세계 선교의 문을 열어 준 것도 바나바였습니다.

이렇게 두 사람이 예루살렘에서 어렸을 때부터 만남을 유지했다는 연구 자료가 저에게는 참 설득력 있게 들립니다. 우리가 잘 알듯이 바울은 당대 최고의 랍비였던 율법학자 가말리엘의 제자였고 율법에 능통한 유대인 중에 유대인이었습니다. 그러니 충분히 유학했을 가능성도 높고, 예루살렘도 자주 방문하지 않았을까 생각해 봅니다.

이미 바울을 잘 아는 관계였기에 바나바가 그를 확신하며 기독교 공동체에 믿음을 심어 주지 않았을까 상상해 봅니다."

학자마다 추정 시기가 다르지만, 다메섹 회심 이후 바울이 처음으로 예루살렘을 방문한 해는 대략 주후 39-41년 경입니다. 그때 바울은 할 수 있는 일이 없었습니다. 사람들이 그를 환영해 주지도 않았습니다. 그는 고향 다소로 돌아갔다가 약 10년 후 바나바와 함께 안디옥으로 제1차 전도여행을 떠납니다. 즉 바울에게는 다소에서 머물던, 10년의 드러나지 않은 시간이 있었습니다. 이전 아라비아에서 보낸 3년까지 합치면 바울이 본격적으로 사역에 뛰어들기 전 드러나지 않은 기간은 13년이었습니다.

하나님께 묵묵히 쓰임받는 사람

참 흥미롭습니다. 앞에서 우리가 간략하게 살펴본 대로 지금 바울은 스데반의 순교 현장에 있던 옛 사람 사울이 아닙니다. 이미 아라비아에서 3년을 지내며 말씀을 전했고, 자신을 따르던 제자들도 있는 상태입니다. 또한 다메섹에서 복음을 전하다 죽음의 고비를 넘기며 피신했고, 고향 다소에서 10년을 그리스도인으로서 살고 있습니다. 사도행전

11장 본문은 바울이 고향 다소에서 잊힌 자로서 살고 있을 때가 배경입니다. 이때 초대교회의 상황이 어떠한가요?

주의 손이 그들과 함께하시매 수많은 사람들이 믿고 주께 돌아오더라 행 11:21

스데반의 순교로 흩어진 사람들이 각처에서 복음을 전했습니다. 수많은 무리가 예수를 믿기로 작정하고 교회로 왔습니다. 그런데 이렇게 많은 초신자들을 목양할 사람이 부족했습니다. 이런 초대교회의 상황에서 바나바는 누구도 기억하지 않았던 사울을 찾아가 '사도 바울'로 만들었습니다. 바나바는 다소에서 무명의 시간을 보내던 바울을 본격적인 사역자로 쓰임받을 수 있도록 격려합니다. 이미 10년 전에 예루살렘에서 사도들의 배척을 당했으며, 초대교회가 급성장하는 동안 누구도 이름을 기억하지 않았던 바울을 바나바가 기억한 것입니다.

24 바나바는 착한 사람이요 성령과 믿음이 충만한 사람이라 이에 큰 무리가 주께 더하여지더라 25 바나바가 사울을 찾으러 다소에 가서 행 11:24-25

사도행전 11장 24절 말씀에서 바나바를 "착한 사람"이라고 설명합니다. 무엇이 착한 것일까요? 성경에 그렇게 자주 등장하지는 않지만 바나바는 사람들과 갈등을 만들지 않는 사람이었던 것 같습니다. 또한 일을 할 때 자신의 능력을 자신하기보다는 주변의 좋은 사람들을 추천하고 격려하는 사람이었지요. 자기를 드러내기보다는 주변 사람들이 드러나도록 하는 사람 말입니다.

우화 중에 '하늘을 나는 개구리' 이야기가 있습니다. 늘 연못가에서 하늘을 쳐다보며 한 번 날아 보는 게 소원이라고 말하던 개구리가 있었습니다. 어느 날 마음씨 좋은 새가 그의 소원을 듣고 하늘을 구경시켜 주겠다고 했습니다. 개구리와 새는 나뭇가지 한쪽 끝을 각각 물고서 하늘을 날아갑니다. 개구리는 어떤 일이 있어도 입을 벌리지 말라는 당부를 듣습니다. 개구리가 하늘을 나니 얼마나 좋은지 모릅니다. 더욱 좋은 것은 땅에 있는 수많은 개구리가 하늘을 나는 자신을 부러워하는 것이죠. 땅에서 수많은 개구리가 묻습니다.

"굉장하구나! 누가 이렇게 멋진 생각을 했니?"

부러워하는 개구리들에게 자신을 알리고 싶었던 그 개구리는 참지 못하고 대답합니다.

"나야!"

그렇게 대답하는 순간 개구리는 떨어져 죽고 말았습니다.

이 우화의 메시지를 신앙적으로 표현한다면 이런 것이 아닐까요? 하나님 앞에 아름답게 쓰임받고 멋지게 사역하는 것이 참 중요합니다. 그러나 멋지게 하늘을 나는 순간에 사람들에게 자신을 드러내지 말고 하나님 앞에서 묵묵히 쓰임받는 사람이 되어야 합니다.

바나바는 사도행전 4장 36절에 처음 등장합니다. 당시 성령 충만한 사람들이 교회 공동체를 위해 자신이 가진 것을 사도들에게 가지고 와서 서로 나누며 돕는 놀라운 일이 일어났습니다. 그때 바나바는 자신의 밭을 팔아 사도들의 발 앞에 내려놓았습니다. 이런 일은 당시 초대교회에 신선한 바람을 일으켜 많은 사람이 동참하게 되었지요. 그것을 흉내 내려던 사람들 중에 아나니아와 삽비라가 있었던 것을 사도행전 5장을 통해 우리는 이미 보았습니다.

성령을 따라 사는 사람은 그분의 인도하심에 순종하지만 자신을 드러내려고 하지 않습니다. 단지 성령께 쓰임받는 것이 기쁨인 사람은 다른 사람들과 동역하는 것이 전혀 문제 되지 않습니다. 빛나는 일을 하지만 빛이 나지 않는 그를 하나님이 귀하다 여기지 않으셨을까요?

믿고 용납하면 주의 사람이 세워진다

바나바가 무명의 바울을 선교의 자리로 불러온 것, 저는 여기서 '용납'이란 단어를 떠올렸습니다. 용납이란 모든 문제가 해결되거나 증명된 이후에 일어나는 일이 아니라, 아직은 아니지만 믿고 기대해 주는 것이 아닐까요? 그리고 믿는다는 것은 사람에 대한 사랑이 아닐까요? 그래서 고린도전서 13장에서 사랑에 대한 정의를 이야기하면서 이렇게 말합니다.

> 4 사랑은 오래 참고 사랑은 온유하며 시기하지 아니하며 사랑은 자랑하지 아니하며 교만하지 아니하며… 7 모든 것을 참으며 모든 것을 믿으며 모든 것을 바라며 모든 것을 견디느니라 고전 13:4, 7

예수님이 이 땅에 오신 이유가 죄인을 부르시기 위함이라고 말씀합니다. 예수님은 모든 죄 문제가 해결된 의인이나 완벽한 사람이 아닌, 아직 죄인 된 우리를 용납하셔서 제자로 불러 주셨습니다. 주님이 우리를 용납하시고 믿어 주셨기에 지금 우리가 존재하는 것입니다. 마찬가지로 착한 사람 바나바가 바울을 용납했기에 그가 위대한 사역자가 될 수 있었습니다.

성경을 아무리 살펴보아도 바울에 비하면 바나바는 존재감이 미약합니다. 하지만 바나바가 아니었다면 위대한 사람 바울은 존재하지 않았을 것입니다. 역사적인 이 둘의 만남은 바나바의 용납에서 시작되었습니다.

> 만나매 안디옥에 데리고 와서 둘이 교회에 일 년간 모여 있어
> 큰 무리를 가르쳤고 제자들이 안디옥에서 비로소 그리스도
> 인이라 일컬음을 받게 되었더라 행 11:26

큰 무리가 주님께 돌아와 신앙생활을 하고는 있었지만, 그들의 정체성이 불분명해서 오합지졸 같았습니다. 그런 공동체에 '그리스도인'이라는 이름을 부여하는 데 결정적 역할을 한 사람이 바울입니다. 말씀에 근거해 보면, "교회에 일 년간 모여 있어 큰 무리를 가르쳤고"란 구절은 바울에게 특별히 가르침의 은사가 있었다는 생각이 드는 대목입니다. 바나바는 착한 사람이었지만 가르침의 은사가 없었던 것 같습니다. 그러나 바나바가 없었다면 안디옥 교회에 가르침의 사역은 일어나지 않았을 것입니다.

> 36 며칠 후에 바울이 바나바더러 말하되 우리가 주의 말씀을
> 전한 각 성으로 다시 가서 형제들이 어떠한가 방문하자 하고
> 37 바나바는 마가라 하는 요한도 데리고 가고자 하나 38 바울
> 은 밤빌리아에서 자기들을 떠나 함께 일하러 가지 아니한 자
> 를 데리고 가는 것이 옳지 않다 하여 39 서로 심히 다투어 피
> 차 갈라서니 바나바는 마가를 데리고 배 타고 구브로로 가고

40 바울은 실라를 택한 후에 형제들에게 주의 은혜에 부탁함을 받고 떠나 41 수리아와 길리기아로 다니며 교회들을 견고하게 하니라 행 15:36-41

사도행전 11장 이후부터 14장까지 바울과 바나바가 선교여행을 하며 동역한 이야기가 나오고 있습니다. 아마도 많은 일이 있었을 것입니다. 좋은 사람도 있고, 배신한 사람도 있었을 것입니다. 바울과 바나바가 지금까지 자신이 사역한 교회와 성도들을 돌보기 위해 다시 전도여행을 떠나려고 준비할 때 문제가 생겼습니다. 전도여행에 함께할 사람을 택하는 데 바나바와 바울의 의견이 엇갈린 것입니다. 사도행전 15장 39절에 "서로 심히 다투어"라고 기록되어 있습니다. 꽤 심각한 문제였던 것 같습니다. 그 일로 바울과 바나바가 갈라섭니다. 이후 더는 둘이 함께 사역하는 모습이 나타나지 않지요. 이 논쟁의 핵심에는 마가 요한이 있습니다.

바울과 및 동행하는 사람들이 바보에서 배 타고 밤빌리아에 있는 버가에 이르니 요한은 그들에게서 떠나 예루살렘으로 돌아가고 행 13:13

위 말씀에서 요한이 마가 요한입니다. 그는 바나바의 조카였으며 앞서 나왔던 마가의 다락방 주인이었을 거라고 추

측합니다. 마가는 예수님의 열두 제자가 아니었음에도 마가복음을 쓰게 됩니다. 아마도 예루살렘에서 베드로를 따라다니며 사역했기에 그가 들었던 이야기들을 기록했을 것입니다. 마치 바울을 따라다니던 누가가 예수님의 제자가 아니었음에도 누가복음과 사도행전을 기록한 것처럼 말이지요.

중요한 것은 마가가 1차 전도여행 중 밤빌리아에 이르렀을 때 바울과 일행을 떠나 예루살렘으로 돌아갔다는 것입니다. 예루살렘은 그의 근거지가 있는 곳이니 어려움을 참지 못하고 선교 대열에서 이탈한 것입니다. 바울은 그를 용납할 수 없었습니다. 바울의 기질로 보아 어려움에 처해 도망가는 사람을 돌보며 사역하는 것을 봐주지 못했을 것입니다. 그런데 바나바는 마가와 함께 전도여행을 하자고 고집합니다. 모두가 배척했던 바울을 용납해서 위대한 사도로 만든 것처럼, 마가 역시 바나바 자신이 영적으로 돌볼 수 있다고 생각했기 때문이 아닐까요?

사도행전 이곳저곳에서 사람들과 부딪히는 바울을 보게 됩니다. 열정적인 만큼 자신의 감정이 불쑥불쑥 솟아나는 모습들이죠. 삐치고 잘 풀지 못하는 미성숙함이 묻어납니다. 어쩌면 바울이 살아오면서 겪었던 상처 때문은 아니었을까요? 많은 사람에게 배척받았던 상처와 예수 믿는 이들을 핍박했던 자신의 과거, 아직 치유되지 못한 감정으로 더욱 치열하고자 하는 조바심이 있었던 것은 아닐까요?

어쩌면 바울이 마가를 용납하기 쉽지 않았을 것이라고 생각합니다. 물론 나중에 고린도서를 기록하고 빌립보에 있는 성도들에게 편지하는 내용을 보면 참 성숙한 모습으로 변화되었지만, 이 당시 바울은 신앙으로 극복하지 못한 것들이 참 많았고, 그것들을 극복하기 위해서는 더 많은 시간이 필요했을 것입니다.

바나바에게 참 감사한 것은 그가 포기하지 않았기에 결국 바울과 마가의 관계도 회복되었다는 것입니다. 성경은 중간에 어떤 일이 일어났는지 기록하지 않습니다. 그렇지만 분명한 것은 이 둘의 관계가 회복되었고, 그 사이에 바나바가 마가를 용납해서 영적으로 돌봐 준 일이 있었다는 것이지요. 바울의 옥중 서신에 보면, 그가 감옥에 갇혀 있을 때 가장 보고 싶어 했던 인물이 마가인 것을 알 수 있습니다. 그리고 바울을 뒷바라지한 사람도 마가였던 것으로 보입니다.

나와 함께 갇힌 아리스다고와 바나바의 생질 마가와 (이 마가에 대하여 너희가 명을 받았으매 그가 이르거든 영접하라) 골 4:10

누가만 나와 함께 있느니라 네가 올 때에 마가를 데리고 오라 그가 나의 일에 유익하니라 딤후 4:11

또한 나의 동역자 마가, 아리스다고, 데마, 누가가 문안하느
니라 몬 1:24

마가는 아직 미숙하고 바울에게도 배척받는 사람이었지
만 바나바가 그를 용납했을 때 마가복음의 저자가 되는 영
광을 누릴 수 있었습니다. 그런데 만일 바나바도 마가를 용
납하지 못했더라면 어떻게 되었을까요? 아마도 바울이 마가
를 품기는 불가능했을 것입니다. 바나바가 마가를 믿어 주
지 않았다면 훗날 바울은 감옥에서 치유되지 못한 상처로
더욱 힘들었을지도 모릅니다. 바울이 감옥에서 서신을 쓰며
믿음으로 견디는 데 큰 힘이 되었던 마가가 없어 더욱 힘들
었을 것입니다.

그런 상상을 해 봅니다. 마가와 바울이 그렇게 헤어져서
원수가 된 채 끝났더라면 참 불행했을 것입니다. 우리가 하
나님의 일을 함께하면서 마음이 상하고, 서로에게 상처를 줄
수도 있습니다. 그게 인간의 연약함이 아닐까요? 그렇게 위
대한 바울과 바나바 사이에도 심한 다툼이 있었으니 말입니
다. 중요한 것은 다툼이 아니라, 바울의 거절에도 불구하고
끝까지 마가를 용납하고 돌봐 주었던 바나바의 역할입니다.
그런 바나바가 있었기에 아름다운 결과가 만들어졌습니다.

회당의 모임이 끝난 후에 유대인과 유대교에 입교한 경건한

> 사람들이 많이 바울과 바나바를 따르니 두 사도가 더불어 말
> 하고 항상 하나님의 은혜 가운데 있으라 권하니라 행 13:43

성경에서 예수님을 보았던 열두 제자를 제외하고 사도라 불린 사람은 바나바와 바울이 유일합니다. 이 말씀 이후 바나바는 그다지 중요한 역할로 등장하지 않다가 그의 고향 구브로로 갔다고 합니다.

> 서로 심히 다투어 피차 갈라서니 바나바는 마가를 데리고 배
> 타고 구브로로 가고 행 15:39

구브로로 간 바나바는 이후 어떻게 되었을까요? 전승에 의하면 그가 그곳에서 순교했다고 합니다. 구브로 살라미에 있는 바나바 수도원에서 출판된 쿠마가 쓴 책자에 이런 글이 있다고 합니다.

"구브로 태생의 바나바는 처음에는 주님의 70인 제자 중 한 사람이었다. 그 후 바나바는 거룩한 복음을 전파하기 위하여 많은 나라로 전도여행을 다녔다. 그러나 구브로에 다시 돌아왔을 때에 유대인들에게 살해당했다. 조카인 마가는 아무도 모르게 그의 시신을 살라미 교외에 있는 바위 절벽의 빈 무덤에 안장했다."

위대한 인물이 되는 것보다 용납함으로 위대한 인물들을

만들었던 사람 바나바의 이야기가 더욱 귀하게 들립니다. 누군가를 믿어 주고 용납하는 것이 쉬운 일은 아닙니다. 또 우리가 누군가를 믿어 주고 용납한다고 다 바울처럼, 마가처럼 쓰임받는 것도 아닙니다. 그렇지만 바나바가 용납하지 않았더라면 그렇게 위대한 인물들의 아름다움을 우리가 보지 못했을 수도 있습니다.

저는 종종 그런 생각을 합니다. 사람을 믿지 못해 모두를 잃는 것보다, 믿음으로 손해를 보더라도 한 사람을 얻는 것이 훨씬 복된 일이라고 말입니다.

8장

성공과 승리가 어떻게
다른가요?

○ "성공하여 하나님께 영광을 돌리고 싶은 마음이 큽니다. 공부를 잘하고, 부자가 되고, 사업에 성공하여 하나님께 영광을 돌린다면 하나님도 기뻐하시지 않을까요?"

1 이에 이고니온에서 두 사도가 함께 유대인의 회당에 들어가 말하니 유대와 헬라의 허다한 무리가 믿더라 2 그러나 순종하지 아니하는 유대인들이 이방인들의 마음을 선동하여 형제들에게 악감을 품게 하거늘 3 두 사도가 오래 있어 주를 힘입어 담대히 말하니 주께서 그들의 손으로 표적과 기사를 행하게 하여 주사 자기 은혜의 말씀을 증언하시니 4 그 시내의 무리가 나뉘어 유대인을 따르는 자도 있고 두 사도를 따르는 자도 있는지라 5 이방인과 유대인과 그 관리들이 두 사도를 모욕하며 돌로 치려고 달려드니 6 그들이 알고 도망하여 루가오니아의 두 성 루스드라와 더베와 그 근방으로 가서 7 거기서 복음을 전하니라 8 루스드라에 발을 쓰지 못하는 한 사람이 앉아 있는데 나면서 걷지 못하게 되어 걸어 본 적이 없는 자라 9 바울이 말하는 것을 듣거늘 바울이 주목하여 구원 받을 만한 믿음이 그에게 있는 것을 보고 10 큰 소리로 이르되 네 발로 바로 일어서라 하니 그 사람이 일어나 걷는지라 **행 14:1-10**

인생을 살며 성공하기 원합니까, 승리하기 원합니까? 이 둘의 차이를 알고 있습니까? 이 둘은 얼핏 같은 것 같지만 아주 미묘하면서도 중요한 차이가 있습니다. 아서 밀러(Arthur Miller)의 《세일즈맨의 죽음》이라는 희곡은 '인간이 성공을 추구할 것인가, 아니면 승리를 추구할 것인가?'라는 질문을 제기합니다. 작품의 주인공인 윌리 로먼은 30년간 세일즈맨으로 삽니다. 성실하게 살면 반드시 성공한다고 믿었으나 두 아들은 타락해 버렸고, 회사에서는 해고를 당합니다. 회사와 자식들에게 배반당하고도 그 사실을 인정하지 않던 윌리는 아들에게 보험금을 물려줄 생각으로 과속하여 자살로 생을 마감합니다. 그는 성공을 위해 쉼없이 달려왔습니다. 하지만 우리는 그가 실패한 인생을 살았다는 것을 압니다.

신앙생활을 하면서 성공과 승리를 구별하는 것은 아주 중요합니다. 성공이 당장 눈앞에 보이는 이득이라면 승리는 하나님의 계획 가운데 열매 맺는 일입니다. 사도행전에서 바울은 얼핏 성공과는 거리가 먼 인생을 산 것 같습니다. 그러나 그는 승리하는 인생을 살았습니다. 무엇으로 알 수 있습니까? 그가 가는 길마다, 그가 하는 일마다 하나님의 역사가 나타났기 때문입니다. 그래서 비록 그가 옥살이를 하다가 순교했을지언정 우리는 그의 인생을 승리의 인생으로 기억합니다.

우리는 어떻습니까? 돈을 모아 부자가 되고 내 이득을 챙기고 법정 싸움에서 이기는 것을 승리라고 착각하지는 않습니까? 사업장에서, 회사에서, 학교에서 1등 하는 것을 승리라고 생각하지는 않습니까?

두 개의 다른 사명의 자리

사도행전 14장은 바울과 바나바가 함께 전도여행을 다니던 시절의 이야기입니다. 둘은 이고니온에서 복음을 전했는데, 여기에서 두 번의 소동을 경험합니다. 그런데 흥미로운 것은 이 두 번의 비슷한 사건에서 두 사람은 전혀 다른 방법으로 대응한다는 것입니다.

바울과 바나바가 회당에서 말씀을 전할 때 많은 무리가 말씀을 듣고 따르자 "순종하지 아니하는 유대인들"이 사람들을 선동해 두 사도에게 악한 감정을 품게 했습니다.

> 2 그러나 순종하지 아니하는 유대인들이 이방인들의 마음을 선동하여 형제들에게 악감을 품게 하거늘 3 두 사도가 오래 있어 주를 힘입어 담대히 말하니 주께서 그들의 손으로 표적과 기사를 행하게 하여 주사 자기 은혜의 말씀을 증언하시니
>
> 행 14:2-3

이때 바울과 바나바는 이러한 핍박에도 불구하고 "오래 있어 주를 힘입어 담대히" 복음을 전했습니다. NIV 성경은 "오래 있어"를 "considerable time"이라고 번역했고, 《메시지》는 "a long time"이라고 번역했습니다. 박해가 있었음에도 오래도록 의미 있는 시간을 보냈다는 말입니다. 이렇게 두 사도는 담대하게 복음을 전했고, 그 결과 병자들이 나았으며, 복음의 역사가 왕성하게 일어났습니다. 박해를 피하지 않고 사명의 자리를 지켰을 때 사역의 열매가 나타난다는 사실을 증거했습니다. 박해의 자리가 두 사도에게 '사명의 자리'가 되었습니다.

우리는 힘든 상황을 버티고 견뎌 성공적인 사역의 결과를 이룬 후에 무엇을 기대합니까? 시온의 대로가 열리기를 꿈꾸지 않을까요? 그런데 현실은 그렇지 않습니다. 지금 바울과 바나바가 핍박을 마주하면서 사역의 열매들을 거뒀는데 두 번째 소동이 일어났습니다. 시온의 대로를 우리의 가치로 판단하면 보이지 않습니다.

> 4 그 시내의 무리가 나뉘어 유대인을 따르는 자도 있고 두 사도를 따르는 자도 있는지라 5 이방인과 유대인과 그 관리들이 두 사도를 모욕하며 돌로 치려고 달려드니 행 14:4-5

참 놀랍지 않습니까? 복음의 역사를 눈앞에서 목도하면

서 사도들을 따르는 자가 있는가 하면, 돌로 쳐서 죽이려는 자들도 있으니 말입니다. 우리 삶이 늘 그렇습니다. 아무리 사명의 자리를 지키고 하나님의 능력을 나타내 보여 줘도 따르지 않는 사람이 있습니다. 도리어 핍박하는 자들도 있습니다.

이러한 상황에서 바울과 바나바는 사명의 자리를 계속 지켜야 하는지 선택해야 할 순간을 맞이하게 됩니다. 사도행전 14장 6-7절에는 두 사도의 박해를 대처하는 두 번째 선택이 나와 있습니다.

> 6 그들이 알고 도망하여 루가오니아의 두 성 루스드라와 더베와 그 근방으로 가서 7 거기서 복음을 전하니라 **행 14:6-7**

박해에도 불구하고 사역의 자리를 지키며 빛나는 결과를 만들어 냈던 두 사도였습니다. 그랬던 두 사람이 이번에는 도망합니다. 왜 그랬을까요? 성경은 그 이유를 설명하지 않습니다. 다만 그들이 이렇게 너무 다른 선택을 했음에도 그 결과는 같았습니다. 도망하여 간 그곳에서도 복음의 역사와 기적이 일어났습니다.

> 8 루스드라에 발을 쓰지 못하는 한 사람이 앉아 있는데 나면서 걷지 못하게 되어 걸어 본 적이 없는 자라 9 바울이 말하는

것을 듣거늘 바울이 주목하여 구원받을 만한 믿음이 그에게
있는 것을 보고 10 큰 소리로 이르되 네 발로 바로 일어서라
하니 그 사람이 일어나 걷는지라 행 14:8-10

　여기에서 우리는 이렇게 질문해 볼 수 있습니다. '그들은
왜 다른 선택을 하게 되었는가?' 조금 부정적으로 이야기하
자면, '그렇게 담대했던 두 사도가 왜 이렇게 비겁한 사람들
로 변해 버렸는가?'라고도 표현해 볼 수 있겠지요. 그런데
문제는 두 경우 모두 사역의 열매가 나타났다는 것입니다.
두 사람은 박해를 견딘 곳에서도 복음을 전했고, 도망하여
피신한 루스드라와 더베에서도 복음을 전했다고 말씀이 증
거하고 있습니다.

　말씀을 묵상하며 제가 얻은 결론은 이렇습니다. 바울과
바나바가 같은 상황에서 다른 선택을 하게 된 이유는 그 상
황을 하나님께 가져가 물었기 때문이 아닐까요? 만약 그들
이 하나님께 묻지 않았다면, 그래서 자기들이 옳다고 생각
하는 대로 결정했다면 도망한 그곳에서 하나님의 역사가 일
어나지 않았어야 하는 것 아니겠습니까? 그러나 바나바와
바울은 박해의 자리를 피해 도망간 루스드라와 더베에서 시
종여일 복음을 전하고 있으며, 하나님의 동일한 역사가 일
어났습니다.

　종종 우리는 신앙의 오류를 범합니다. 처음 문제를 만났

을 때는 하나님께 그 문제를 가지고 나아가 간절히 기도하고 묻습니다. 그런데 같은 문제를 또 만났을 때는 묻지 않고 경험을 의지합니다. 반복되는 상황 가운데서 '지난번에 하나님이 이렇게 역사하셨지. 그러니 이번에도 똑같이 역사하실 거야'라고 생각하면서 경험과 지식을 더 신뢰하는 것이지요. 그러나 하나님은 매 순간 우리가 하나님께 묻기를 원하십니다. 하나님은 같은 박해 상황 가운데에서도 어느 때는 그 자리를 지키기 원하시지만, 또 어느 때는 도망가도록 하십니다. 그래서 과거는 과거일 뿐이고, 오늘 일어난 일에 대해 우리는 하나님께 나아가 물어야 합니다.

바나바와 바울은 같은 사건을 겪으면서 매 순간 하나님께 물었습니다. 그래서 그들이 박해의 자리를 지킨 것은 믿음의 결단이요, 박해의 순간에 도망간 곳이 사명의 자리일 수 있었던 것입니다. 우리의 경험과 지식으로는 어떻게 같은 상황에서 다른 결정을 내리는지 이해되지 않을 수 있습니다. 그러나 매 순간 다른 방법으로 인도하시는 하나님을 안다면 그들의 이러한 결정이 그리 이상하지 않습니다.

승리와 성공, 당신의 선택은

성경을 유심히 살펴보면 여기에서 아주 놀라운 하나님의

신비를 고백하게 됩니다. 루스드라와 더베는 당시 로마세계에서 그렇게 특출난 도시가 아니었습니다. 아마도 그랬기에 바울과 바나바가 긴급한 상황에서 갑자기 피신해야 했을 때 임시 피난처로 정했을 것입니다. 이곳에서 바울과 바나바는 선천적으로 발을 쓰지 못하는 사람을 고치는 기적을 나타냅니다. 그런데 하나님의 일하심은 단순히 한 번의 기적으로 그치지 않습니다.

이 사건은 바울과 바나바가 1차 전도여행을 시작한 과정 중에 일어났습니다. 그리고 이 둘이 마가 요한의 사건으로 서로 갈라진 후 바울은 2차 전도여행을 합니다. 바울은 이때 1차 전도여행에서 복음을 전했던 곳들을 짚어 갑니다. 당시 세운 교회가 잘 자라고 있는가를 확인하기 위해서였습니다. 그런데 이때 바울은 루스드라를 다시 방문하고, 여기에서 아주 중요한 인물을 만납니다. 바로 그의 영적 아들 디모데입니다.

디모데는 후에 바울의 복음 사역에 핵심 역할을 하는 인물로, 옥중서신 중 디모데서의 수신자입니다. 이고니온에서 복음을 거부한 유대인들이 이방인들을 선동하고 관리들까지 끌어들여 바울과 바나바를 돌로 쳐 죽이려 하지 않았다면 어땠을까요? 바나바와 바울이 굳이 그 도시로 도망할 이유가 없었겠지요. 그랬다면 바울은 2차 전도여행 때 루스드라를 방문할 이유가 없었을 것이고 디모데도 만나지 못했을 것입니다. 만약 그랬다면 우리가 디모데서를 읽을 일도 없었겠지요. 디모데서는 디도서와 함께 '목회서신'이라고 불리는데, 교회에 유익한 말씀이 얼마나 많이 담겨 있는지 모릅니다. 더군다나 디모데후서는 바울이 처형 직전에 로마의 지하 감옥에서 디모데에게 보낸 그의 유언장입니다. 바울 신앙의 마지막 고백이 담긴 귀한 말씀입니다.

선택의 순간은 이런 것입니다. 만약 우리가 박해의 자리를 지켜야 한다면 그 이유는 무엇입니까? 도망가야 한다면 그 이유는 무엇입니까? 우리는 이런 선택의 순간을 수없이 마주합니다. 그리고 문제로부터 해방되는 것을 성공이라고 말하면서 성공하기 위해 선택합니다. 그러나 눈앞에 놓인 성공의 문제가 아니라 어떻게 승리해야 할 것인가에 집중해야 합니다. 우리는 성공이 아니라 최후의 승리를 추구하는 사람이 되어야 합니다. 성공을 추구하면 내 욕망에 따라 살게 됩니다. 그러나 승리를 추구하면 하나님의 생각과 그분의 계획을 바라보게 됩니다. 과연 이런 선택을 해야 하는 순간에 하나님께 간절히 기도하며 묻고 있습니까? 신앙생활을 할 때 하나님께 문제를 가지고 나아가기를 바랍니다. 우리가 기도할 때 조금 더 현명하게 올바른 선택을 할 수 있을 것입니다.

복음을 위하여 수치의 자리에 서다

사도행전 14장 말씀을 묵상하며 우리의 생각과 하나님의 일하심이 참 다를 수 있다는 생각을 합니다. 또한, 우리가 생각하는 '옳음'이 참 단편적이라는 생각도 합니다. 때로, 우리가 옳다고 생각하는 것 때문에 하나님의 계획을 보지 못하거나 그분의 일하심을 가로막을 수 있다는 것도 참 두렵습니다.

신앙인들이 쉽게 단정해 버리는 부분이 있습니다. 바울과 바나바가 박해의 자리를 피해 도망한 것이 비겁하고 변질된 신앙이라고 생각하는 것입니다. 우리는 스데반의 순교로 흩어진 그리스도인들을 통해 유대와 사마리아와 땅 끝까지 복음이 전해지게 되었다는 사실을 알고 있습니다. 이런 스데반의 모습을 보면서 순교하는 것이 참 멋진 그리스도인의 용기라는 생각에 그가 부럽기도 합니다. 그래서 두렵지만 이런 생각을 해 보기도 합니다. '우리는 과연 그런 핍박의 자리에서 순교를 선택할 용기가 있는가?'

초대교회에 언제부터인가 순교를 숭배하는 것이 유행처럼 번진 때가 있었습니다. 사자에 물려 죽고, 불에 타 죽는 순간에도 하늘을 바라보며 찬양하는 믿음의 형제자매들을 보면서 그 믿음을 사모하게 되었던 것이죠. 무엇보다 초대교회 교인들이 흠모했던 것은 다른 성도들에게 믿음의 영웅으로 추앙받는 것이었습니다. 그래서 일부러 로마 군인들을 찾아가 그리스도인임을 자백하고 순교의 자리를 맞이한 성도들이 생겨나기 시작했습니다.

그러자 로마는 노선을 바꿉니다. 주후 249년 데키우스 황제 때 순교자 대신 '배교자'를 만드는 정책을 시행한 것입니다. 죽이는 것보다 배신자를 만드는 것이 교회를 몰락시키는 데 훨씬 효과적이라고 생각했기 때문입니다. 이때부터 초대교회는 모든 순교자들을 믿음의 영웅이라 칭하지 않았습니다. 진짜와 가짜를 구분하기 시작했습니다. 상상이 됩니까? 순교에도 하나님이 허락하시는 영광스러운 것과, 인간의 명예욕으로 얻는 불명예스러운 것이 있다니 말입니다.

어떻습니까? 이런 초대교회 상황에서 바울과 바나바가 핍박을 피해 루스드라와 더베로 도망한 것이 조금 다르게 다가오지 않습니까? 그들에게 진정한 믿음과 하나님과의 친밀함이 없었다면, 그들이 그때 하나님이 원하시는 게 무엇인지 묻지 않았다면 그 자리에서 핍박을 받고 죽는 것을 택했을지도 모릅니다. 이런 추론이 가능한 것은 바울과 바나바 두 사람이 결국은 순교했음을 우리가 알기 때문입니다. 바울은 로마에서, 바나바는 구브로에서 순교했으니 말입니다. 이들은 박해나 죽음을 두려워하는 사람들이 아니었습니다.

그러나 이들은 인간적인 명예를 따르지 않았습니다. 오히려 복음을 전하기 위해 사람들의 비난을 감수하며 도망자의 길을 선택했습니다. 복음을 위하여 영광의 자리가 아닌 수치의 자리에 기꺼이 섰습니다. 이들이 박해의 자리를 피해 도망하지 않았더라면 영광스런 이름을 남겼을지는 모르지만 하나님의 계획을 이루지는 못했을 것입니다.

우리가 하나님께 영광을 돌리고 그분의 계획을 이루며 살아가는 것은 어쩌면 스스로를 수치스러운 자리에 머물게 하는 것일지도 모릅니다. 만약 인생의 성공을 생각한다면 우리는 결코 이런 수치스러운 자리에 서려고 하지 않을 것입니다. 그러나 하나님이 이끄시는 승리의 자리에 서기 위해서라면 우리는 기꺼이 수치의 자리에 설 수 있어야 합니다. 이것이 부르심의 자리, 성공의 자리, 승리의 자리 아니겠습니까? 좁은 길은 우리에게 묻습니다.

"여러분은 성공의 삶을 살겠습니까, 승리하는 삶을 살겠습니까?"

아울러서 누군가를 쉽게 판단하지 말아야겠다는 생각이 듭니다. 때로 그와 나의 생각이 다를 때 판단을 유보하는 것이 필요하겠다는 생각도 듭니다.

하나님은 승리자를 사용하신다

CGNTV '복음 책방'을 진행하며 처음 읽은 책이 존 번연(John Bunyan)의 《천로역정》이었습니다. 이 책을 읽으면서 천성을 향해 가는 순례자의 길이 참 좁다는 생각을 했습니다. 저는 《천로역정》을 이렇게 한 문장으로 요약했습니다.

"천로역정은 신앙의 정도(正道)를 걷는 과정이다."

사도로 부름받은 바울과 바나바에게 무엇이 신앙의 정도였을까요? 부르심을 따라 마땅한 길을 가는 것이지요. 천국을 향해 가는 길에 편법이나 지름길은 없습니다. 천국을 향해 가는 우리 삶의 바른 길은 무엇입니까? 문제는 이 길이 참 좁다는 것입니다. 인상적인 구절이 하나 있습니다. 양의 문(좁은 문)에서 '선의'와 '크리스천'의 대화 내용입니다.

"저 앞을 보세요. 좁은 길이 이어지는 게 보입니까? 저게 댁이 걸어야 할 길입니다. 믿음의 선조들과 예언자들, 그리스도와 그분의 제자들이 닦아 놓은 길입니다. 어때요, 마치 자를 대고 그은 것처럼 반듯하죠? 반드시 저 길로 가야 합니다."

"하지만 갈림길이나 굽은 길이 나타나면 처음 지나는 이는 길을 잃기 십상이지 않을까요?"

"맞습니다. 샛길이 헤아릴 수 없을 만큼 많은데 하나같이

굽고 널찍합니다. 그게 바로 바른길과 그릇된 길을 구별하는 방법입니다. 바른길은 늘 곧고 좁습니다."

　정도의 길은 곧고 좁습니다. 왜 바울에게는 박해를 피해 도망하는 것이 좁은 길이었을까요? 말씀을 깊이 묵상하며 바울의 마음속으로 들어가 보고 싶었습니다. 인생에서 좁은 길이 내면의 욕망을 뿌리치며 가는 길이라면, 쉽고 넓은 길은 내면의 욕구에 순응하며 살아가는 것입니다.

　바울은 스스로 '변절자'라는 무거운 올무를 벗어 버리려고 무던히 애쓰던 사람입니다. 먼저는 그리스도인을 핍박하던 자에서 전도자가 되어 유대교의 변절자가 되었습니다. 심지어 유대인들이 던지는 돌에 맞아 죽을 고비를 여러 번 넘기기도 하지요. 동시에 그리스도인들 사이에서는 여전히 박해자의 이미지가 있었습니다. 그들 중에는 아직도 바울의 정체성을 의심하는 사람들이 있었습니다. 그래서인지 바울의 편지를 보면 그는 늘 '사도 된 바울은'이라고 자신을 소개합니다. 이것이 어쩌면 그가 가지고 있었던 강박관념과 같은 것은 아니었을까 생각합니다. 이 모든 것이 그에게 상처로 남아 있었을 것입니다. 상처는 아물기 전까지 조금만 건드려도 쓰리고 아픕니다. 살짝 딱지가 앉아도 조금만 외부에서 압력을 가하면 피가 나니 말입니다.

　그런 바울에게 박해가 찾아왔습니다. 어쩌면 이 사건은

그의 정체성을 증명하고 '사도성'을 알릴 좋은 계기일 수도 있지 않았을까요? 그러니 박해를 피해 도망가는 것이 바울에게는 훨씬 더 어려운 일, 좁은 길이었을 것입니다. 따라서 자신의 상처에도 불구하고 진정한 사명 앞에 순종하여 이고니온을 떠난 바울의 결단은 하나님에 대한 신실함이 아니고서는 설명할 수 없는 부분이기도 합니다.

만나교회 묵상 팀 한 집사님의 나눔입니다.

"좁은 길의 이미지를 묵상하던 이번 주간에 정말 우연히 하나님의 인도하심에 따라 말씀을 삶에서 살아 내고 계시는 한 집사님과 얘기를 나누게 되었습니다. 그분이 영국 케임브리지의 작은 동네를 여행하던 중에 일리(ely)처치를 방문했는데, 그곳 십자가 사진을 보여 주었습니다.

저는 그 사진을 보면서 좁은 길을 생각하게 됐습니다. 좁은 길은 주님이 가신 십자가의 길인 것 같습니다. 일전에 이장호 감독이 인터뷰 때 자신의 멘토가 청계산 앞 '길카페교회'를 개척한 목사님이라고 했는데요. 교회 이름 길(GIL)은 God Is Love, God Is Life(GIL)라는 뜻이라고 합니다. 좁은 길, 주님이 가신 십자가의 길, 그 길은 우리가 사랑의 삶, 생명의 삶을 이루며 따라서 걸어가야 할 길이 아닐까 생각했습니다."

조지 뮬러(George Muller)는 "믿음은 사람의 능력이 끝나는 곳에서 시작된다"고 했습니다. 우리는 내 능력으로 성공하기 위해 달려가지만 하나님은 우리에게 아무 것도 남지 않는 순간을 기다리십니다. 무디(Dwight L. Moody)도 이런 유명한 말을 남기지 않았습니까?

"모세는 스스로 대단한 사람이라 생각하고 40년을 보냈다. 그리고 자신이 하찮은 사람이라는 것을 깨닫는 데 40년을 보냈다. 그다음 40년은 하나님이 하찮은 사람을 통해 어떤 일을 이루시는지를 발견하면서 보냈다."

부르심이란 무엇일까요? 하나님은 자격이 있는 사람을 부르시는 것이 아니라 부르시는 자들에게 자격을 주십니다. 성공하는 사람을 쓰시는 것이 아니라 승리하기 원하는 사람을 끊임없이 이끌어 가십니다.

우리 속에 치유되지 않은 상처는 하나님의 계획을 가로막는 복병과 같습니다. 또한 어떤 일의 원인과 결과에 대하여 자신의 경험과 생각을 가지고 너무 쉽게 판단하지 말아야 합니다. 우리의 지식과 경험이 하나님의 계획을 가로막지 않도록 열린 마음을 가지고 있어야 합니다. 하나님의 계획을 가로막는 유혹은 늘 우리가 영광을 얻으려 할 때 온다는 것도 잊지 말아야 합니다.

성공과 승리의 갈림길에서, 자신의 영광과 소망의 유혹에 넘어지는 사람이 아니라 하나님과 친밀한 가운데 하나님이 원하시는 일을 보는 사람이 되길 원합니다. 성공의 길이 아니라 우리 모두 승리의 길을 가게 되길 소망합니다.

9장

계획하는 게 잘못인가요?

◯ "이 계획 저 계획을 세워도 탁탁 막혀 속이 상합니다. 계획은 세워도 소용없는 건가요? 계획을 세우기 전에 하나님이 미리 알려 주실 순 없는가요?"

6 성령이 아시아에서 말씀을 전하지 못하게 하시거늘 그들이 브루기아와 갈라디아 땅으로 다녀가 7 무시아 앞에 이르러 비두니아로 가고자 애쓰되 예수의 영이 허락하지 아니하시는지라 8 무시아를 지나 드로아로 내려갔는데 9 밤에 환상이 바울에게 보이니 마게도냐 사람 하나가 서서 그에게 청하여 이르되 마게도냐로 건너와서 우리를 도우라 하거늘 10 바울이 그 환상을 보았을 때 우리가 곧 마게도냐로 떠나기를 힘쓰니 이는 하나님이 저 사람들에게 복음을 전하라고 우리를 부르신 줄로 인정함이러라

행 16:6-10

하나님이 하시는 일은 내 계획과 무관할 때가 많습니다. 대학 진학, 취업, 결혼 등 나름대로 신중하게 계획을 짜더라도 우리 계획대로 되지 않을 때가 훨씬 많습니다. 그럴 때 우리는 이렇게 말할지 모르겠습니다.

"주님, 왜 제가 가는 길을 막으십니까? 제 인생인데 왜 하나님 뜻대로 하려고 하십니까?"

그런데 이렇게 생각해 볼 수도 있지 않을까요? 우리가 계획을 세워 봤기 때문에 하나님이 내 계획대로 일하시는 분이 아님을 알게 되는 것입니다. 계획을 세워 본 적이 없다면 하나님이 어떻게 일하시는지조차 인식하지 못할 것입니다. 그래서 내 계획이 무너질 때 드리는 하나님을 원망하는 기도가 인생을 열심히 살아가고 있다는 반증인지도 모르겠습니다.

계획이 무너졌을 때 좌절하는 이유는 나의 한계를 보기 때문이고, 하나님의 계획을 알 길이 없어서일 것입니다. 우리는 삶에 대해서 모르는 것이 참 많습니다. 그중 하나가 하나님의 계획이지요. 그래서 우리는 하나님께 "주님의 계획을 알려 주세요" 하고 기도합니다. 만약 하나님이 내게 내일, 한 달 뒤, 1년 뒤, 10년 뒤의 일을 알려 주신다면 얼마나 좋겠습니까? 그러나 그럴 일은 없습니다.

이런 의문이 듭니다. 우리가 하나님의 계획을 어떻게 알수 있으며, 또 하나님이 우리 계획을 원하시지 않는 것을 어떻게 알 수 있느냐는 것이지요. 또 하나는 우리가 하나님의 인도하심과 계획을 알지 못한다면 그것을 알 때까지 기다려야 하는가입니다. 과연 내 계획과 하나님의 계획이 일치하기 위해서 우리가 할 수 있는 것은 무엇일까요?

내 계획의 무력함

사도행전 16장은 소위 선교의 꿈을 가지고 있는 사람들에게 '마게도니안 콜'로 알려진 유명한 말씀입니다. 만약 누군가 선교를 준비하는데 이 말씀처럼 환상 중에 하나님의 사람이 나타나 손짓하여 '이 곳으로 가라' 한다면 얼마나 좋겠습니까? 우리 인생도 그렇지요. 배우자를 고르고 직장을 선택할 때 성령님이 꿈에 나타나셔서 '이 사람과 만나라, 여기에 원서를 써라' 하신다면 인생 고민할 것이 무엇이겠습니까? 그런데 이런 꿈같은 일은 흔히 나타나지 않습니다. 바울에게도 독특한 경험이었습니다. 그 역시 환상보다는 일상의 사역이 더 많았다는 것을 기억할 필요가 있습니다.

우리는 '하나님의 계획이 이루어진다'라는 말을 할 때, '순조로움'과 같은 단어를 떠올리지 않습니까? 그런데 하나님의 계획이 이루어지는 가운데 참 힘든 말씀들이 나옵니다. 그중 하나는 하나님의 계획을 이루기 위해 인간의 뜻을 막으신 일입니다. 사도행전 16장 6절에 성령이 아시아에서 말씀을 전하지 "못하게" 하셨다는 것, 7절에서 바울이 비두니아로 가려고 했을 때 예수의 영이 "허락하지 아니하"셨던 것이 그 부분입니다. 또 다른 하나는, 하나님의 계획을 이루기 위해 그 뜻을 행하는 자가 애썼다는 것입니다. 10절에 바울이 곧 마게도냐로 떠나기를 "힘쓰니"라고 했습니다.

몇 가지 질문이 생깁니다. 하나님은 왜 우리의 계획을 막으실까요? 우리가 세운 계획으로 잘못된 결과를 얻기 전에 미리 하나님의 뜻을 알려 주실 수는 없을까요? 어떻게 하면 하나님의 계획을 잘 분별하면서 살 수 있을까요? 그런데 말씀을 묵상하면서 이런 마음이 들었습니다. 우리가 하나님의 뜻을 가장 분명하게 깨닫는 때는 하나님이 적극적으로 우리 일을 막으실 때라는 것입니다.

모든 일이 순조롭게 진행될 때는 그것을 하나님의 뜻으로 인식하기가 쉽지 않습니다. 이것은 또한 우리가 가장 바라는 일이기도 하지요. 너무 좋아하는 일을 하는데, 그것이 하나님의 계획 속에 있으니 말입니다. 그러나 우리는 길이 막히면 그제야 하나님께 묻습니다.

"하나님, 주님의 뜻이 무엇입니까? 주님의 뜻을 알려 주옵소서."

우리 삶이 막힐 때, 절망하기보다는 하나님의 뜻을 살피는 지혜가 반드시 필요합니다.

사도행전 16장 말씀을 제대로 이해하기 위해서는 '사도 바울의 전도여행'을 살펴보는 것이 좋습니다. 바울은 왜 아시아로 가려고 했을까요? 성령은 왜 그가 아시아로 가는 것을 막으셨을까요? 우리가 아는 것처럼, 바울은 세 번의 전도여행 후에 마지막 로마행으로 사역을 마감합니다.

바울의 1차 전도여행은 사도행전 13-14장에 나와 있습니다. 바울은 바나바와 함께 안디옥에서 교회를 돌보았고, 거기에서 전도자로 파송받아 1차 전도여행을 떠납니다. 이고니온에서 박해를 피해 루스드라로 도망가면서 걷지 못하던 자를 고친 일 등이 여기에 포함됩니다. 이 여정을 나열해 보면 안디옥(수리아) → 실루기아 → 살라미 → 바보 → 버가 → 안디옥(비시디아) → 이고니온 → 루스드라 → 더베 → 루스드라 → 이고니온과 안디옥 → 비시디아 지역 → 안디옥 도착으로 이어집니다.

지도에서 이 지역들을 연결해 보면 여기가 바로 '소아시아' 지역임을 알 수 있습니다. 우리가 흔히 '바울이 아시아로 가려다 유럽의 관문인 빌립보로 가게 되었다'는 말씀을 보면서 착각하는 것이 있는데, 여기서 아시아는 지금의 아시아가 아니라 소아시아 지역을 의미합니다. 물론, 소아시아로 복음이 전해졌다면 지금의 아시아로도 복음이 빨리 전파됐겠지만, 지금 우리가 머릿속에 그리는 개념은 아니었을 것입니다.

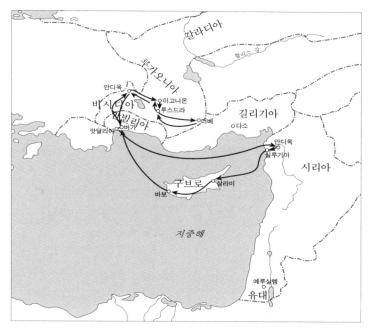

○ 바울의 1차 전도여행

바울의 2차 전도여행은 사도행전 15-18장에 나와 있습니다. 특히 사도행전 15장은 1차 전도여행 후에 이방인들이 복음을 받아들이면서 발생한 '할례 문제' 때문에 바울이 예루살렘에서 제자들과 함께 이 문제를 논의하고 돌아오는 과정을 설명하고 있습니다. 그러니 실질적인 2차 전도여행은 16장에서 시작합니다.

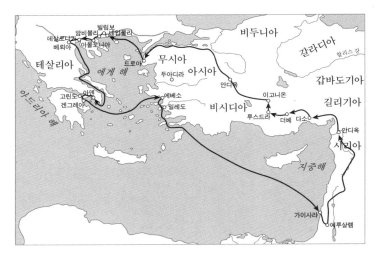

○ 바울의 2차 전도여행

이 여정은 안디옥 → 다소 → 더베 → 루스드라 → 안디옥 (비시디아) → 드로아로 이어집니다. 이 지역들은 바울이 1차 전도여행으로 다녀온 소아시아입니다. 바울이 가고자 했던 지역들이지요.

그런데 그다음으로 바울은 네압볼리 → 빌립보 → 암비볼리 → 아볼로니아 → 데살로니가 → 베뢰아 → 아덴 → 고린도 → 겐그레아 → 에베소 → 가이사랴 → 예루살렘 → 안디옥(수리아)과 같은 지역을 거쳐 갑니다. 이곳은 바울이 드로아에서 마게도냐 사람이 부르는 환상을 보고 찾아간 곳입니다. 즉 복음의 방향이 소아시아에서 유럽으로 바뀌게 되었습니다.

저는 왜 성령께서 바울의 길을 막으셔서 그의 여정을 돌리셨는지 이유를 알 것 같습니다. 바울이 복음을 전하려고 했던 소아시아는 그에게 익숙한 지역입니다. 그의 고향인 길리기아 다소도 포함되어 있고, 그가 성공적으로 복음을 전한 안디옥도 있습니다. 그리고 소아시아 지역에는 무엇보다 흩어진 유대인이 많았습니다. 비록 로마의 지배를 받고 있기는 했지만 그들은 안식일이 되면 한자리에 모여 주님을 기억했습니다. 그러니 복음을 전하기에 훨씬 용이했습니다.

여기까지 보면 바울은 나름대로 상당히 합리적인 계획을 세우고 있었던 것 같습니다. 소아시아에는 당시에 두 번째로 거대한 도시 에베소도 포함되어 있으니, 얼마나 훌륭한 전략입니까? 인간적인 눈으로 보면 하나님이 왜 굳이 그의 길을 막으셔서 마게도냐로 향하게 하셨는지 알 수 없습니다. 하지만 바울의 3차 전도여행과 이후 로마로 호송되는 장면들을 보면서 이해되는 것이 있습니다.

바울은 3차 전도여행 과정에서 여러 고위 공직자들을 만나고, 최후에 복음을 전하는 로마로 향하게 됩니다. 당시 로마는 '법'과 '도로'로 위대한 제국을 건설했습니다. 하지만 해상로는 폭풍과 해적들 탓에 그리 권장할 만한 이동 수단이 아니었습니다. 그런데 하나님이 바울의 길을 바꾸심으로, 헬라 문화와 제국의 중심인 로마로 가게 하신 것입니다. 만약 성령께서 바울의 계획을 막지 않으셨다면 그의 지경은 아주 작은 소아시아에만 머물렀을지도 모릅니다. 그러나 하나님은 그의 지경을 넓히셨습니다. 모든 여정 가운데 이미 미래를 준비하고 계시는 하나님의 손을 보게 됩니다. 바울도 계획이 있었지만, 하나님 역시 계획이 있으셨던 것입니다.

어떻게 하나님의 뜻을 깨닫는가

우리 인생에 두 종류의 애씀이 있습니다. 자신의 계획을 이루기 위한 애씀과 하나님의 뜻을 이루기 위한 애씀입니다. 그런데 자신의 계획을 이루기 위해 애쓰는 인생은 방황을 낳고, 하나님의 계획을 이루기 위해 애쓰는 인생은 확신을 낳습니다.

> 6 성령이 아시아에서 말씀을 전하지 못하게 하시거늘 그들이 브루기아와 갈라디아 땅으로 다녀가 7 무시아 앞에 이르러 비두니아로 가고자 애쓰되 예수의 영이 허락하지 아니하시는지라 행 16:6-7

성령이 바울에게 나타나 아시아에서 말씀을 전하지 못하게 하셨는데, 바울은 또 아시아 지역의 브루기아와 갈라디아 땅으로 갔다고 합니다. 그리고 무시아 앞에 이르러 비두니아로 가고자 애씁니다. 그곳 역시 소아시아 지역입니다. 바울은 하나님이 계속 막으시는데도 자신의 계획을 포기하지 못하고 있습니다.

평소에는 그냥 스쳐 지나갔던 부분인데, "예수의 영이 허락하지 아니하시는지라"라는 구절에 주목하게 됩니다. 어떤 방법으로 이 길을 막으셨는지는 우리가 알 길이 없습니다. 그러나 예수의 영이 아시아에서 말씀을 전하지 못하도록 하셨다는 것은 분명합니다. 흥미로운 것은, 성령께서 분명히 일하고 계시는데도 바울이 그 뜻을 거역하고 복음을 전하기 위해 아시아의 또 다른 지역으로 계속 옮겨 다녔다는 것입니다. 처음에는 복음을 전하지 못하는 상황에 처하게 되었고, 이제 무시아 앞에 이르러 비두니아로 가고자 할 때는 아예 그 지역에 들어가지 못했습니다. 결국 바울은 무시아에 머물지 못하고 드로아로 내려갔습니다(8절).

당시 열악한 교통 환경을 생각해 보면, 이렇게 길이 열리지 않고 계속해서 옮겨 다녀야 했던 바울의 고통이 얼마나 컸겠습니까? 그 방황이 얼마나 허무하고 힘들었겠습니까? 지금 하는 일이 옳다는 생각이 들면 확신을 가지고 견딜 수 있는데, 그는 확신 없는 방황으로 고통당했습니다.

우리 인생도 그렇지 않습니까? 무엇인가를 계획하고 열심히 노력했는데 길이 열리지 않는다면 그것만큼 허무하고 힘든 일이 없습니다. 그런데 중요한 것은 바울은 그의 길이 막힐 때 '아, 성령께서 허락하지 않으시는구나' 생각했다는 것입니다. 어떤 사람들은 자기 계획이 뜻대로 진행되지 않을 때 '왜 내 뜻대로 되지 않지?' 하고 불평합니다. 그렇지만 우리는 같은 상황에서 신앙적인 물음을 던져야 합니다. '하나님이 왜 이 길을 막으시지?' 하고 생각해 봐야 합니다. 혹시 하나님의 뜻이 아닌 길을 가려 하고, 하나님이 허락하시지 않는 것을 이루려고 애쓰지는 않는지 점검해 봐야 합니다.

과연 지금 내가 가고 있는 길이 하나님이 계획하시고 열어 주시는 길이 맞습니까? 사실 우리는 이것을 구분하기가 어렵습니다. 우리가 어떻게 하나님의 뜻을 확실하게 분별할 수 있겠습니까? 이때에 우리는 우리 영이 하나님을 향해 민감하게 열려 있는가, 하나님의 계획이 무엇인가를 봐야 합니다.

9 밤에 환상이 바울에게 보이니 마게도냐 사람 하나가 서서 그에게 청하여 이르되 마게도냐로 건너와서 우리를 도우라 하거늘 10 바울이 그 환상을 보았을 때 우리가 곧 마게도냐로 떠나기를 힘쓰니 이는 하나님이 저 사람들에게 복음을 전하라고 우리를 부르신 줄로 인정함이러라 행 16:9-10

바울도 사실은 자기가 처한 상황에서 하나님의 뜻을 확실하게 분별하지는 못했습니다. 그랬다면 엉뚱한 곳에 가서 길이 막히고 뜻이 거절당하는 일을 경험하지 않았겠지요. 그런데 그는 성령이 막으시고 예수의 영이 허락하지 않으실 때도 자신의 계획을 포기하지 않았습니다. 여기에서 우리는 아주 중요한 사실을 발견합니다. 우리 계획이 막힐 때 '하나님이 이 길을 원하시지 않는구나' 하고 모든 것을 포기하지는 않습니까? 식음을 전폐하고 골방에 들어가 하나님의 뜻이 무엇이냐고 울부짖으며 주저앉아 있지는 않습니까? 그런데 바울은 그러지 않았습니다. 그는 자기 계획이 가로막힌 순간에도 하나님의 일을 위해, 자기에게 주어진 일을 위해 열심히 그 길을 갔습니다. 하나님의 뜻에 따라 마게도냐로 떠나기를 "힘쓰니"라고 했습니다. 그렇게 다시 애쓸 때 차츰차츰 하나님의 뜻을 깨달아 가기 시작했습니다.

다음은 《오스왈드 챔버스의 순종》에 나오는 내용입니다.

"제 안에서 계속 커지는 확신을 알려드리고 싶습니다. 우리가 성령의 인도하심에 순종하면 하나님은 다른 사람들의 기도에 응답하십니다. 제 말은 우리의 삶이, 어떤 사람의 기도에 대한 응답이라는 뜻입니다. 그 기도는 수세기 전에 드려졌던 기도일 수도 있습니다. 저는 점점 프로그램이나 계획을 세우는 것이 불가능해지고 있습니다. 그 이유는 하나님만이 계획을 세우시는 분이지, 제 계획은 종종 하나님을 방해하는 성향이 있기 때문입니다."

어떤 사람은 이 글을 읽고 이렇게 생각할지 모릅니다. '그래, 내가 계획 세워 봐야 아무 소용 없지. 하나님, 알아서 하세요.' 그런데 이 말은 그런 뜻이 아닙니다. 하나님 앞에 "하나님은 인간의 계획대로 일하시는 분이 아니군요! 주님의 계획이 옳습니다"라고 고백할 수 있는 사람은 자기 계획을 세워 본 자라는 것입니다. 단순하게 "하나님 뜻대로 하십시오" 하고 손 놓고 있는 것이 아니라 하나님 앞에 우리가 고민하며 계획을 세울 때 하나님의 계획을 차츰차츰 깨달아 갈 수 있다는 의미입니다.

아마도 바울이 성령의 인도하심을 인정하게 되었을 때, 챔버스와 동일한 고백을 하지 않았을까요? 기도의 목적은 내 계획을 이루기 위해 하나님께 강요하는 것이 아닙니다. 챔버스는 기도의 목적은 인간이 세운 계획을 하나님께 강요하여 복을 내리시도록 교묘하게 조작하는 것이 아니라고 말합니다. 그에게 기도는 하나님의 뜻을 이루어 가기 위해 그분과 함께 걷기 위한 것이었습니다. 그는 이렇게 말합니다.

"기도는 사역을 위한 준비가 아니라 사역 그 자체다. 기도는 싸움을 위한 준비가 아니라 싸움 그 자체다. 기도는 양면성을 갖는다. 확실하게 구하는 것이며 또한 구한 것을 받으리라 믿고 분명하게 기다리는 것이다."

하나님의 뜻을 깨달았다면 실패도 헛되지 않다

바울이 자신의 계획을 포기하고 나서 다다른 곳, 드로아에서 환상을 봅니다. 마게도냐 사람이 나타나 우리에게 와 달라 청한 것이지요. 우리가 하나님의 계획을 알 수 없을 때는 내 계획대로 열심히 합니다. 그런데 하나님의 막으심이 분명하다면 멈추어 서야 합니다. 멈춘 자리에서 성령의 인도하심과 예수의 영이 우리에게 무엇을 말씀하시는지 봐야 합니다.

상상해 보세요! 전도의 길이 막혔을 때 바울은 얼마나 힘든 시간을 보냈을까요? 당시 세계관으로 볼 때, 그가 가지고 있는 지식과 인간관계를 가장 잘 활용할 수 있는 지역에 가서 선교를 하고자 하는 완벽한 계획을 하나님이 막으시니 말입니다. 그리고 생판 모르는 곳에서 복음을 전하라 하시니 얼마나 막막했겠습니까?

그런데 그 답답한 시간 가운데 바울은 자신의 계획을 포기한 것이 아니라, 오히려 실천에 옮기며 하나님의 뜻을 묻고 있었습니다. 하나님이 인도하시는 곳이 아니었지만, 방황하는 것 같은 시간들이었지만 그곳에서 하나님의 역사를 경험하고 있었습니다. 지금 이 시간이 무의미하게 느껴지더라도 결코 헛된 시간이 아닙니다. 제가 종종 젊은이들에게 하는 말이 있습니다.

"하나님을 떠나 방황하며 그분의 계획대로 살지 못한 시간이 결코 낭비가 아닙니다. 괜찮습니다. 여러분이 그 시간을 통해 잘못된 길을 가고 있었음을 깨닫고 내 인생을 향한 하나님의 확신을 얻는다면 우리의 방황은 결코 낭비가 아닙니다."

지금 실패의 시간처럼 여겨집니까? 내 계획이 다 깨지고 무너졌습니까? 낭비하는 시간 같습니까? 그러나 그 가운데서 하나님의 확실한 인도하심을 깨닫는다면 이처럼 귀한 시간이 없습니다. 바울은 하나님의 막으심을 확신하고 나서, 빌립보로 향하는 발걸음에 더욱 자신이 생겼을 것입니다. 가장 확실한 인생은 '아닌 것'을 정확히 알 때 시작됩니다.

하나님의 뜻을 어떻게 확인할 수 있는가

11 우리가 드로아에서 배로 떠나 사모드라게로 직행하여 이튿날 네압볼리로 가고 12 거기서 빌립보에 이르니 이는 마게도냐 지방의 첫 성이요 또 로마의 식민지라 이 성에서 수일을 유하다가 행 16:11-12

마게도냐 사람의 환상을 본 후 바울이 도착한 곳은 빌립보입니다. 드디어 당시 세계의 중심 로마를 향한 발걸음이 시작되었습니다. 로마의 식민지인 빌립보는 로마를 향한 관문이었습니다. 그리고 이제부터 바울의 방황이 확신으로 바뀌는 이야기들이 나옵니다.

바울은 안식일에 강가에서 복음을 전하다 오랜 동역자 루디아를 만나고 많은 기적도 행합니다. 우리가 생각할 때 이정도 확신을 가지고 하나님 손에 이끌려 왔다면 시온의 대로가 열려야 하지 않겠습니까? 그런데 바울에게 어떤 일이 일어납니까? 바울과 실라가 옥에 갇힙니다. 자기 계획이 다 꺾이고 하나님의 환상까지 봤습니다. 그래서 하나님의 계획을 따라왔는데 옥에 갇혔습니다. 그러면 크게 낙심할 만하지 않습니까? 그런데 바울은 그러지 않았습니다. 그는 실라와 함께 옥에서 기도하고 찬송했습니다. 하나님께 받은 확신이 있기에 이렇게 할 수 있었습니다. 이전에 경험한 방황을 통해 하나님과 쌓아 온 돈독한 신뢰가 있었던 것입니다.

바울과 실라가 감옥에서 기도하고 찬송했을 때, 놀랍게도 큰 지진이 일어나 옥 터가 흔들리며 그들을 맨 것이 다 풀어지는 기적이 일어났습니다. 만약 우리가 이런 기적을 체험하면 '역시 하나님! 우리 문제를 이렇게 해결해 주시는구나' 하지 않겠습니까? 그런데 바울과 실라는 도망갈 생각을 하지 않습니다. 세상 관점에서 볼 때 옥에 갇힌 것이 명예롭겠습니까? 옥에서 풀려나는 것이 하나님의 역사라고 생각하지 않겠습니까? 그러나 지금 자신이 옥에 갇힌 것이 하나님의 인도하심이요, 하나님의 뜻이라는 확신을 가진다면 어떻겠습니까?

바울과 실라는 옥 문이 열리고 자신들을 묶고 있던 사슬이 풀린 것을 '도망의 신호'가 아니라, '복음 전할 기회'로 여겼습니다. 지금 일어나는 일에 이유가 있다고 생각하니 주변을 살피게 된 것입니다. 하나님이 그들에게 원하시는 것이 무엇인지 생각하니 할 일이 보인 것이지요. 죄수인 바울과 실라가 도망간 줄 알고 두려워 목숨을 끊으려는 간수장이 보였습니다. 두 사람은 바로 그에게 복음을 전할 절호의 기회라는 사실을 포착했습니다. 그뿐 아니라 그의 가족에게 세례를 베푸는 구원의 역사를 이루었습니다. 이것이 하나님이 하시는 일이요, 자신의 계획을 접고 하나님의 계획 속에 들어간 사람을 통해 역사하시는 하나님의 방법입니다.

제가 젊은 날의 오랜 방황을 마치고 군목 사역을 열심히 하던 때였습니다. 저는 그때 시간이 아깝다고 느낄 만큼 최선을 다해 일했습니다. 병사들과 어떻게 하면 친해질 수 있을까 고민하면서 축구며 농구에 빠지지 않고 참여했습니다. 그러다가 허리를 다쳐 수술대 위에 눕게 됐습니다. 사람들이 그러더군요.

"목사님, 허리 수술 별거 아니니 다 받거든 일찍 제대하세요."

그런데 정말 놀랍게도, 제가 그 자리에 있는 것이 하나님의 계획이라고 생각하니까 불평이 나오지 않았습니다. 오히려 기도하던 중에 주님의 음성을 들었습니다.

"내가 너를 여기에 왜 보냈니?"

그리고 깨달았습니다.

'하나님이 나를 목회자로 보내셨는데, 과연 이 수술 때문에 일찍 제대하는 것이 맞는가. 여기에서 또 복음을 전할 기회가 있지 않을까?'

그래서 군종실에 연락해 일찍 제대하지 않겠다고 전했습니다. 대신 군 병원에서 근무하겠다고 했습니다.

그 후 저는 병원에서 불편한 몸을 이끌고 매일 아침 환자들을 찾아가 기도해 주었습니다. 하나님이 나를 여기로 보내신 이유가 있다는 것을, 이 일을 통해서 나를 목회자로 만들어 가신다는 것을 깨달았습니다. 여기에서 하나님의 일하심을 보게 하셨습니다.

지금 바울이 당하고 있는 일을 봅시다. 어쩌면 아시아에서 길을 막으실 때보다 훨씬 더 큰 고통과 아픔, 치욕을 느꼈을지 모릅니다. 그런데 그곳에서 확신에 찬 행동을 하고 있습니다. 자신의 계획이 이루어지지 않아 방황하는 것이 아니라, 하나님의 일을 이루는 기적을 경험하고 있는 것이죠. 이유가 있는 인생에는 늘 기대가 있습니다. 하나님의 계획을 따라가는 인생이 만나는 장애물은 디딤돌이요, 기적을 체험하는 이유가 됩니다.

내 경험과 이성과 지식에서 나온 계획이 완벽한 것 같지만 한 치 앞도 모르는 인간의 계획일 뿐입니다. 그러나 하나님의 계획은 완전합니다. 하나님은 실수가 없으신 분입니다. 역사의 주인이시며, 그분 손에 모든 만물이 붙들려 있습니다. 그래서 나의 때와 방법보다 하나님의 때와 방법이 가장 좋습니다. 내가 세운 불완전한 계획을 완전한 계획으로 바꾸시는 하나님의 손길을 경험하는 것이 믿음입니다. 우리 인생도 마찬가지입니다. 불완전한 나를 의지하는 것보다 하나님이 보여 주시는 길을 따라가는 것이 가장 완전합니다. 하나님은 자녀에게 가장 좋은 것을 주길 원하시는 아버지이십니다. 하나님의 뜻을 어떻게 확인할 수 있습니까? 하나님은 우리에게 늘 말씀하십니다. 우리는 그분의 음성을 듣고 분별할 수 있는 그리스도인이 되어야 합니다.

하나님의 계획과 우리 인생의 계획 사이에서 깨닫게 되는 것은 무엇인가요? '내 계획과 하나님의 완전한 계획 사이에서 하나님의 뜻을 어떻게 확인하는가'라는 주제에 대한 묵상 팀의 나눔으로 결론을 맺습니다.

"저는 하나님의 뜻을 확인하기 위해 선택 또는 결정을 유보합니다. 그리고 그 선택의 순간까지 기도하는 마음으로 열심히 살아갑니다. 마지막으로 선택해야 하는 순간이 오면 그전까지 주신 마음을 따라 선택하며 나아갑니다. 설령 그 선택이 선하지 않았더라도, 그 과정 가운데 주님과 동행했고 앞으로도 동행할 거라는 믿음으로 나아갑니다. 왜냐하면 하나님은 이 모든 일로 선을 이루실 수 있는 분이기 때문입니다. 저는 성령님과 동행하는 과정을 통해 주님을 알아 갑니다. '계획, 뜻'에 대한 판단은 오직 주님만이 하십니다.

C.S 루이스의 《우리가 얼굴을 찾을 때까지》에 이런 대목이 있습니다.

'주여, 이제는 당신이 왜 대답하지 않으셨는지 압니다. 당신 자신이 대답이십니다. 모든 질문은 당신의 얼굴 앞에서 사라져 버립니다. 다른 무슨 대답을 들은들 만족하겠습니까? 다 말, 말뿐입니다.'"

"우리는 자신의 뜻을 관철하기 위해 합리적이란 말로 포장할 때가 많습니다. '합리적'(合理的)이란 '이론이나 이치에 합당한'이란 뜻입니다. 그러니 합리적이란 말은 이성적이고 정당하다는 의미를 갖추고 있습니다. 그러나 우리는 이 말을 내 뜻을 관철하는 범주에서 더 많이 사용하는 것 같습니다. 내 뜻에 맞으면 합리적인 것, 내 뜻에 맞지 않으면 불합리한 것으로 생각합니다. 하지만 믿음의 사람들은 나의 합리적인 계획을 하나님의 완전한 계획 안에서 생각해야 합니다. '너는 다 계획이 있구나'가 아니라 '하나님의 뜻을 분별하는 능력'이 필요합니다.

담임목사님과 함께하고 있는 《주님은 나의 최고봉》 2월 12일 묵상 '주님의 음성을 직접 들으십시오!'에 있는 한 구절이 떠오릅니다.

'하나님은 여전히 당신을 자녀로 대하시는데 당신은 항상 주님을 무시함으로써 모독해 온 것은 아닙니까? 주님의 음성을 듣게 될 때, 주님을 모독했던 자신의 자세에 대해 큰 부끄러움을 느끼게 될 것입니다. 주님, 왜 저는 그렇게 무디고 고집이 세었던 것입니까? 주님의 음성을 직접 듣게 될 때 우리는 언제나 자신을 향해 비참과 비통을 느낍니다. 주님의 음성을 듣는 진정한 기쁨은 너무나 오랫동안 그분을 듣지 않았던 부끄러움과 섞이게 됩니다.'

이 부분은 저에게 말할 수 없는 찔림이 됩니다. 하지만 목사님은 이 날의 묵상을 통해 위로의 말씀으로 마무리하셨습니다.

'하나님의 음성으로 인하여 우리 안에 부끄러워하는 마음이 들었다면 기뻐하십시오!'

하나님의 사람으로 산다고 하면서도 결국엔 제 뜻대로 살며 부끄러움조차 없는 때가 더 많습니다. 주님, 주님의 세미한 음성에 귀 기울이게 하소서. 나의 합리적인 계획을 물리치게 하소서."

10장

불순종도 기뻐하시나요?

◌ "성령이 바울에게 예루살렘에 들어가지 말라고 세 번이나 말리셨는데 바울은 왜 들어갔나요? 그거 불순종 아닌가요? 바울 개인의 욕심과 열정으로 결정한 것 아닌가요?"

23 오직 성령이 각 성에서 내게 증언하여 결박과 환난이 나를 기다린다 하시나 24 내가 달려갈 길과 주 예수께 받은 사명 곧 하나님의 은혜의 복음을 증언하는 일을 마치려 함에는 나의 생명조차 조금도 귀한 것으로 여기지 아니하노라 행 20:23-24

4 제자들을 찾아 거기서 이레를 머물더니 그 제자들이 성령의 감동으로 바울더러 예루살렘에 들어가지 말라 하더라… 10 여러 날 머물러 있더니 아가보라 하는 한 선지자가 유대로부터 내려와 11 우리에게 와서 바울의 띠를 가져다가 자기 수족을 잡아매고 말하기를 성령이 말씀하시되 예루살렘에서 유대인들이 이같이 이 띠 임자를 결박하여 이방인의 손에 넘겨 주리라 하거늘 12 우리가 그 말을 듣고 그곳 사람들과 더불어 바울에게 예루살렘으로 올라가지 말라 권하니 13 바울이 대답하되 여러분이 어찌하여 울어 내 마음을 상하게 하느냐 나는 주 예수의 이름을 위하여 결박당할 뿐 아니라 예루살렘에서 죽을 것도 각오하였노라 하니 14 그가 권함을 받지 아니하므로 우리가 주의 뜻대로 이루어지이다 하고 그쳤노라 15 이 여러 날 후에 여장을 꾸려 예루살렘으로 올라갈새 행 21:4, 10-15

대부분 신앙의 문제들은 순종하기 어려운 상황일지라도 하나님께 순종했을 때 일어났습니다. 그리고 결론은 늘 이랬습니다.

"하나님의 계획은 늘 깊고 높으며 완벽하기 때문에 우리의 생각을 뛰어넘는다. 그러니 순종하면 하나님의 계획을 보게 될 것이다!"

그런데 이번 본문 말씀은 모두 바울이 하나님의 계획과 이끄심을 거부하고 자신이 하고 싶은 대로 하는 것처럼 보입니다. 더욱 이해하기 힘든 것은, 인간이 불순종하면 사역이 어그러지거나 어려움을 겪고 그 결과 하나님의 뜻이 이루어지는 과정을 보는 것이 정상인데, 성경은 그 반대의 결과를 말하고 있습니다. 바울이 불순종에도 불구하고 여전히 하나님이 불러 주신 사명자의 삶을 살고 있습니다. 그것도 세 번씩이나 말이지요!

이 부분을 이해하기 위해서는 조금 다른 각도로 성경을 볼 필요가 있습니다. 지금 바울의 길을 막는 일들을 단순한 명령이 아니라 '자유의지'의 문제로 보는 것입니다.

불순종으로 보이는 바울의 찐순종

우리가 하나님 앞에서 결정해야 하는 많은 일은 '순종이냐 불순종이냐'는 명령 앞에 설 때도 있지만, 전적인 우리의 의지로 행해야 하는 순간도 있습니다. C. S. 루이스는 《순전한 기독교》에서 왜 하나님이 인간에게 자유의지를 주셨는가에 대하여 이렇게 말합니다.

"악을 가능케 하는 것도 자유의지지만, 사랑이나 선이나 기쁨에 가치를 부여하는 유일한 것 또한 자유의지이기 때문입니다. … 물론 하나님은 인간들이 자유를 잘못 사용할 때 어떤 일이 벌어질지 잘 알고 계십니다. 그러나 그분은 그런 위험을 감수할 가치가 있다고 생각하신 것이 분명합니다."

부족한 우리가 자유의지를 갖는다는 것이 불안하지 않습니까? 자칫 죄를 선택하게 될 수도 있으니 말입니다. 그럼에도 하나님이 우리에게 자유의지를 주신 것은 그만큼 가치가 있기 때문입니다.

우리가 흔히 생각하는 바울의 불순종, 그 첫 번째 이야기는 사도행전 20장에 등장합니다.

23 오직 성령이 각 성에서 내게 증언하여 결박과 환난이 나를 기다린다 하시나 24 내가 달려갈 길과 주 예수께 받은 사명 곧 하나님의 은혜의 복음을 증언하는 일을 마치려 함에는 나의 생명조차 조금도 귀한 것으로 여기지 아니하노라

행 20:23-24

조금 더 명확한 이해를 위해 《메시지》를 참고해 23절을 보겠습니다.

"내 앞에 고난과 투옥이 있을 것을 성령께서 거듭해서 분명히 말씀해 주셨습니다."

사실 이 부분을 보면서 성령께서 막으셨다고 단정하기는 어렵습니다. 오히려 바울의 앞날에 고난과 투옥이 있을 거라고 예고하는 상황에서 바울을 인격적으로 대하시는 성령님을 만날 수 있습니다.

인격적이라는 것은 아주 중요한 대목입니다. 우리가 어떤 일을 할 때 능동적으로 할 수도, 수동적으로 할 수도 있습니다. 만약 하나님이 어떤 일을 맡기셨을 때 우리가 그 일을 강압에 의해 억지로 하는 것과 자유의지를 발휘해 자원하는 마음으로 하는 것에는 큰 차이가 있지요. 그래서 때로는 자원하는 마음이 들기까지 기다릴 수 있는 것입니다. 어쩌면 성령님이 바울의 앞날에 펼쳐질 고난을 미리 말씀하시고 준비하시기 위한 의도는 아니었을까요?

그런 맥락에서 24절을 보면 조금 다르게 느껴질 수 있을 듯합니다. 지금 바울은 성령님이 거듭 말씀하시는 것을 들었습니다.

"네가 지금까지 핍박과 고난을 당했지만, 앞으로도 그럴 것이다. 앞으로도 결박과 환난이 기다리고 있을 것이다. 괜찮겠니?"

성령님의 이 질문은 '그러니 이제 그만 해라. 이제 그만 고향으로 돌아가라'가 아닙니다. 독립운동이 한창이던 시절 목숨을 걸고 밀정을 파견해야 할 때, 대장이 부하에게 말합니다.

"여보게, 자네가 이 길을 간다면 온갖 어려움을 겪게 될 것이네. 어쩌면 잡혀서 심한 고문을 당하다 죽을 수도 있네. 그러니 이쯤에서 포기하고 고향으로 돌아가면 어떻겠나?"

부하는 이렇게 이야기하는 대장의 목소리가 내 생명과 노력을 귀하게 여겨 선택의 기회를 주는 '존중'으로 들리지 않을까요?

만약 내가 바울이라면 어떨 것 같습니까? 지금까지 온갖 박해와 고난을 견디며 사명자로 살아왔는데 또 이런 말을 듣는다면 어떻겠습니까? 자신이 걸어왔던 과거를 돌아보지 않았을까요? 지금까지 살아온 삶을 포기하거나 부인할 수 있겠습니까? 사실 가장 행복한 인생을 사는 사람은 '목숨을 내놓을 수 있는 일'이 있는 사람일지 모릅니다. 그만큼 가치 있는 일을 하고 있음이 분명하니 말입니다. 바울은 여기에서 고백하지요. 복음을 증언하는 일을 마치려 함에는 생명을 내놓는 것도 전혀 아깝지 않다고 말입니다.

24절을 《메시지》에서는 이렇게 표현했습니다.

"그러나 그것이 나에게는 별로 중요하지 않습니다. 나에게 가장 중요한 것은, 하나님께서 시작하신 일을 마치는 것입니다. 주 예수께서 내게 맡기신 사명, 곧 믿을 수 없을 만큼 후히 베푸시는 하나님의 자비를, 내가 만나는 모든 사람에게 알리는 것입니다.”

결국 이 부분은 바울의 불순종을 이야기하고자 함이 아닙니다. 오히려 그의 순종은 ‘찐순종’입니다. 성령님이 거듭 말씀하시는 의도를 제대로 파악하고 바울이 찐순종의 고백을 하는 순간입니다.

성령의 감동으로 본 것과 해석 사이

바울의 불순종, 그 두 번째 이야기입니다.

> 제자들을 찾아 거기서 이레를 머물더니 그 제자들이 성령의 감동으로 바울더러 예루살렘에 들어가지 말라 하더라
>
> 행 21:4

이 부분 역시 바울의 불순종이라기보다는, 사명의 의지를 불태우는 계기가 되는 사건이 아니었을까 생각합니다. 분명한 것은 바울의 앞날에 닥칠 일에 대하여 성령께서 여러 가지 방법으로 말씀하고 계시다는 사실입니다.

우리가 잘 아는 것처럼, 이제 바울의 전도 여정이 마지막

목적지인 로마를 향하고 있습니다. 어찌 보면 로마로 향하는 여정에 예루살렘은 그가 꼭 거쳐 가야 하는 정거장과 같습니다. 거기에서 그는 로마로 압송됩니다. 이 과정은 바울이 가야만 하는 길이었던 것입니다.

성령께서 이미 준비하고 계시는 그 여정을 제자들이 성령의 감동으로 보았습니다. 결국 예루살렘에서 바울이 잡힐 것이고, 고난을 받게 될 것이고, 로마에 가서 순교하게 될 것입니다. 제자들이 보았던 것은 분명 바울의 미래에 펼쳐질 일이었습니다. 그때 제자들은 그런 생각을 하지 않았을까요? 이전에 박해를 당했던 곳에서도 하나님이 역사하셨고, 박해를 피해 도망했던 곳에서도 역사하셨다면, 예고된 박해를 피해서 갈 수도 있다고 말이지요. 아직 바울이 박해를 받고 죽기에는 할 일이 많이 남아 있다고 생각했을 테니 말입니다.

이 부분은 제 해석입니다. 제자들은 분명히 성령의 감동을 따라 바울에게 펼쳐질 미래를 보았고, 본 것으로 판단했을 것입니다. 성령이 이러한 엄청난 박해를 보여 주시는 이유는, 바울을 위해 피할 길을 내도록 조언하라는 뜻이라고 말입니다. 그들은 분명 진심 어린 마음으로 하나님의 일을 위해 조언했을 것입니다. "예루살렘으로 들어가지 마십시오!"

여기서 우리가 주목해야 할 것이 있습니다. 제자들은 지금 성령의 감동으로 본 것을 그들 나름대로 해석하고 있을 뿐입니다. 그들은 성령께서 계획하시고 원하시는 방향으로 본 것이 아닙니다.

코로나19로 교회는 많은 어려움을 경험했습니다. 앞으로 무엇을 어떻게 해야 할지 모른다는 것이 더 힘들었을 것입니다. 그래서 교회 안에서도 많은 고민을 하며 이런 결론을 내렸습니다. "앞으로 교회가 많은 어려움에 처하게 될 것입니다!"

그러면 이러한 판단이 우리에게 무엇을 말하는 것일까요? 이렇게 힘든 시간이 다가오니 신앙생활을 포기해야 할까요? 아니면 이러한 상황에도 불구하고 하나님이 우리에게 주신 사명을 깊이 생각해야 할까요?

제가 《텅 빈 경건》의 프롤로그에 썼던 글을 조금 인용해 보겠습니다.

"코로나19가 한국 교회에 가져온 큰 복이 있습니다. 이렇게 힘들지 않았더라면 돌아보려고 노력하지 않았을 우리의 모습을 돌아보게 한 것입니다. 세상이 우리를 향해 '너희는 위선자야!'라고 손가락질하지 않았더라면 무감각하게 썩은 상처에 아픈 '복음의 약'을 뿌릴 수 없었을 것입니다."

이어지는 사도행전 21장 5-6절을 보면, 이 두 번째 성령의 감동이 사명의 다짐으로 바울을 인도하고 있음을 보게 됩니다.

5 이 여러 날을 지낸 후 우리가 떠나갈새 그들이 다 그 처자와 함께 성문 밖까지 전송하거늘 우리가 바닷가에서 무릎을 꿇어 기도하고 6 서로 작별한 후 우리는 배에 오르고 그들은 집으로 돌아가니라 행 21:5-6

여기서 "바닷가"는 예루살렘으로 가까이 가는 여정의 출발점입니다. 그리고 그곳에서 바울 일행은 무릎을 꿇어 기도했습니다. 이들은 무슨 기도를 했을까요? 이들이 서로 헤어지며 작별할 때 어떤 마음이었을까요? 아마도 이런 기도를 하지 않았을까요?

"성령께서 보여 주시는 환상을 보니, 예루살렘에서 많은 고난이 있을 것 같습니다. 저를 붙들어 주셔서 잘 견디게 하시고 주신 사명을 감당케 하여 주옵소서!"

떠나기로 결심한 바울과 그것을 막으려던 사람이 함께 기도하고 염려하며 서로의 의견을 나누고 있습니다. 결국 그들의 선택에 대하여 확신할 수 있는 사람이 누가 있을까요? 비록 우리 의지가 달라도 하나님 앞에 신실하게 묻고 따른다면, 하나님이 그 의지를 통해 일하시지 않을까요? 말씀 가운데 제가 참 아름답다고 생각한 부분이 여기에 있습니다. 서로 다른 생각을 하고 결정을 내려도 서로를 존중하는 마음이 있다는 것입니다. 혹시 나와 의지가 다르고 선택이 다르다는 이유로 서로를 비난하지는 않습니까? 저는 이들의 태도를 우리 삶과 신앙생활에 적용하면 좋겠다고 생각합니다. 어쩌면 지금 교회에 가장 필요한 부분이 아닐까요?

묵상 팀에서 나눈 내용 중 하나를 소개합니다.

"순종인가 불순종인가의 근거는 성경에 달려 있다고 봅니다. 그러나 성경의 해석이 명확하게 구분되는 것이 아니라 모호하게 다가올 때도 있습니다. 코로나 확진자 수가 어마어마하게 높아지면, 그에 맞는 정부의 집합금지령에 따라 교회에서 모이면 안 되지만, 굳이 모여 여론의 질타를 받는 교회가 있었습니다. 반면, 나라에서 허락해 주는 만큼 그 정책 안에서 지혜롭게 모이는 교회도 있었습니다. 모두 한 하나님을 섬기는 교회이지만 모습이 달라 세상의 입방아에 오르내리게 됩니다. 나라에서 지키라는 규칙 아래 잘 모이면 세상의 시선도 매섭지만은 않을 텐데, 교회가 많다 보니 제각각의 모습도 보입니다. 인터넷으로 모이는 교회를 두고도 의견이 분분합니다. 이것이 순종인지 불순종인지에 대해서는 하나님이 정확히 판단하시겠지만, 타협함으로 세상에 좋게 보이는 것이 아니라 하나님을 신실하게 믿고 순종하는 지혜로운 모습으로 세상에서 '과연 교회!'라는 평가를 받으면 얼마나 좋을까 생각합니다. 우리의 의지로 행해야 하는 것은 '주님이시라면 이 상황에서 어떻게 하셨을까?'를 끊임없이 성경적으로 들여다보고 지혜를 얻는 길이라 생각합니다."

불순종보다는 죽음의 각오

바울의 불순종, 그 세 번째 이야기입니다.

> 10 여러 날 머물러 있더니 아가보라 하는 한 선지자가 유대로
> 부터 내려와 11 우리에게 와서 바울의 띠를 가져다가 자기 수
> 족을 잡아매고 말하기를 성령이 말씀하시되 예루살렘에서 유
> 대인들이 이같이 이 띠 임자를 결박하여 이방인의 손에 넘겨
> 주리라 하거늘 12 우리가 그 말을 듣고 그 곳 사람들과 더불어
> 바울에게 예루살렘으로 올라가지 말라 권하니 행 21:10-12

이제는 유대에서 아가보라는 선지자가 바울 일행에게 찾
아와 성령께서 하신 말씀을 전합니다. 그리고 조금 더 실감
나게 앞으로 일어날 일을 증거하고 있습니다. 바울의 띠를
가져다가 그를 결박하고는 이렇게 될 것이라고 보여 주는
것입니다. 결국 바울은 아가보가 말한 대로 예루살렘에서
결박되어 재판을 받고 로마로 호송되었습니다.

이제 바울의 여정을 가로막는 청원이 더욱 거세지고 있습
니다. "우리가 그 말을 듣고 그곳 사람들과 더불어"(12절) 즉

이제는 유대에서 내려온 사람들과 바울 일행이 합심하여 그의 마음을 흔들어 약하게 만들고 있습니다. 어쩌면 바울의 굳건한 마지막 결심을 확신할 순간이 온 것입니다.

> 바울이 대답하되 여러분이 어찌하여 울어 내 마음을 상하게 하느냐 나는 주 예수의 이름을 위하여 결박당할 뿐 아니라 예루살렘에서 죽을 것도 각오하였노라 하니 행 21:13

바울이 이렇게 결의를 다지며 말하자 다음에 벌어진 일입니다.

> 14 그가 권함을 받지 아니하므로 우리가 주의 뜻대로 이루어지이다 하고 그쳤노라 15 이 여러 날 후에 여장을 꾸려 예루살렘으로 올라갈새 행 21:14-15

바울을 말리던 사람들이 결국 두 손 두 발 다 듭니다. 그 어떤 방법도 소용없다는 것을 깨달았습니다. 그저 그들은 "주의 뜻대로 되기를 바랍니다" 기도하고 모든 노력을 그쳤습니다.

결국 이 말씀을 통해 우리가 깨닫는 것이 있습니다. 그동안 성령의 감동으로 말씀하셨던 고난과 핍박의 예언들은 바울을 가로막고자 하는 것이 아니었다는 사실입니다. 그 모

든 성령의 감동은 바울의 결심과 각오를 다짐하게 하는 의
도였습니다.

믿음을 사용해야 하는 때

말씀을 묵상하다 아주 중요한 단서를 하나 발견했습니다.
여러 차례 계속된 제자들과 지인들의 권함이 주의 뜻은 아
니었다는 것입니다. NIV 성경으로 사도행전 21장 14절을 다
시 한번 살펴보도록 하겠습니다.

> When he would not be dissuaded, we gave up and said,
> "The Lord's will be done." **행 21:14, NIV**

'dissuaded'는 '설득하다, 만류하다'라는 뜻이 있습니다. 개
역개정 성경에서는 "권함을 받지 아니하므로"라고 되어 있
는데, 사실은 '설득되지 않으므로'라는 말이 더 적절합니다.
"When he would not be dissuaded"라는 말을 이렇게 의역할 수
있을 것 같습니다.
'우리가 수차례에 걸쳐서 박해를 피하도록 설득하는 것이
무의미함을 알았으므로.'
개역개정 성경에 "그쳤노라"라는 부분을 NIV 성경에서는

"we gave up"이라고 번역했습니다. 바울이 포기하도록 설득하는 일을 우리가 '포기했다'는 말입니다. 중요한 것은 포기하고 나서 그들이 한 말입니다.

"주의 뜻대로 이루어지이다(The Lord's will be done.)"

그런데 언제 주님의 뜻이 이루어졌습니까? 제자들과 바울을 사랑하는 사람들이 간절히 원했던 그들의 마음을 내려놓을 때, 포기했을 때입니다. 바울이 "나는 주 예수의 이름을 위하여 결박당할 뿐 아니라 예루살렘에서 죽을 것도 각오하였노라"라고 고백하며 자신의 안전을 보장할 수 없는 곳으로 가고자 결심했을 때입니다. 우리의 안전을 보장하면서도 하나님의 뜻이 이루어질 수 있다면 참 좋지 않을까요? 우리의 안전을 내려놓아야 하나님의 뜻이 이루어진다면, 그 과정이 그렇게 쉽지 않습니다.

그렇지만 제가 이 말씀을 묵상하며 깨달은 것이 있습니다. 하나님이 바울을 참 인격적으로 다루어 가신다는 것입니다. 하나님이 바울의 다음 여정을 여러 차례 경고하시며 말씀하고자 하신 것이 있습니다. 하나는 핍박이 너무 클 것이기에 점진적으로 바울의 마음을 준비시키셨습니다. 또 다른 하나는 이 고난이 너무 커서 바울이 그 길을 가지 못하겠다고 결정하더라도 하나님은 그를 버리시는 것이 아니라 이해하셨을 것이라는 사실입니다.

오늘 우리에게 주시는 도전이 있습니다. 하나님의 뜻이

이루어지는 곳에서 우리의 안전이 보장되지 않을 수도 있습니다. 우리 주변에는 사명을 적극적으로 지원하는 사람들보다는, 그 어려움에서 벗어나라고 권하는 사람들이 훨씬 더 많습니다. 결국 사명의 크기가 환경을 넘어서지 못한다면, 어느 순간 포기하는 일들이 있을 것입니다.

결국 선택의 순간에 우리 의지를 좌우하는 것이 무엇일지 궁금합니다. 똑같은 것을 보고 다른 것을 선택하게 하는 결정적 요인이 무엇일지 궁금합니다. 묵상 팀의 한 집사님이 이렇게 나눠 주었습니다.

"우리 삶에 분별하기 모호한 일들이 있는 것 같아요. 끊임없는 선택의 연속인 삶을 살아가며, 우리에게 주신 자유의지 안에서 때로는 순종하기도 하고 또 작은 것이지만 알면서도 주님을 외면할 때도 있는 것 같습니다.

보통은 말씀에 어긋나는 것, 정말 하나님이 좋아하시지 않을 만한 것은 금방 알 수 있지만 오히려 중요한 선택, 중대한 결정을 해야 할 때 이것이 하나님의 뜻인지 가늠하기 어렵습니다. 제대로 깨달았든지 잘못 깨달았든지 하나님의 뜻이라고 생각되면 순종이든 불순종이든 결정할 수 있지만, 분별할 수 없는 상황에서는 하나님이 계심을 믿고 우리의 의지로 한 발자국 내디뎌야 하는 것 같아요. 그리고 이 순간이 전적인 우리 의지로 행해야 하는 순간이 아닐까 생각해 봅니다.

살면서 내 생각과 경험에 갇혀 자꾸 '믿음'을 잊고 사는 것 같아요. 전적인 우리 의지로 행해야 하는 순간이 온다면 이때가 바로 '믿음을 사용해야 하는 때'가 아닐까요? 비록 보이지 않고 들리지 않아도, 나를 인도하시고 이 일에 개입하시는 하나님이 계심을 믿고 의지하는 믿음의 첫걸음을 떼어야 하는 것 같습니다. 아브라함도, 성경의 많은 인물들도 그랬던 것처럼."

11장

그래도 두려운데
어떻게 해야 하나요?

○ "왜 이렇게 고난이 팡팡 터지는지 모르겠습니다. 하나님이 지켜 주신다면 고난이 없어야 하지 않나요? 고난을 피할 수 없다면, 그 두려움을 어떻게 이기고 평안할 수 있나요?"

20 여러 날 동안 해도 별도 보이지 아니하고 큰 풍랑이 그대로 있으매 구원의 여망마저 없어졌더라 21 여러 사람이 오래 먹지 못하였으매 바울이 가운데 서서 말하되 여러분이여 내 말을 듣고 그레데에서 떠나지 아니하여 이 타격과 손상을 면하였더라면 좋을 뻔하였느니라 22 내가 너희를 권하노니 이제는 안심하라 너희 중 아무도 생명에는 아무런 손상이 없겠고 오직 배뿐이리라 23 내가 속한 바 곧 내가 섬기는 하나님의 사자가 어제 밤에 내 곁에 서서 말하되 24 바울아 두려워하지 말라 네가 가이사 앞에 서야 하겠고 또 하나님께서 너와 함께 항해하는 자를 다 네게 주셨다 하였으니 25 그러므로 여러분이여 안심하라 나는 내게 말씀하신 그대로 되리라고 하나님을 믿노라 26 그런즉 우리가 반드시 한 섬에 걸리리라 하더라 행 27:20-26

우리 인생을 항해에 비유하곤 합니다. 맑은 날만 계속되면 좋겠지만 유라굴로 광풍을 만날 때도 있습니다. 고난도 한 번에 하나씩 오면 견딜 만한데 여러 개가 몰아닥치면 정신을 차릴 수 없을 만큼 아프고 슬픕니다. 코로나도 많이 두려운데 암에 걸렸거나 사업에 부도가 난다면 얼마나 두려워 떨겠습니까? 하나님은 왜 이런 고난을 주실까요? 그리고 우리는 그 고난 속에서 어떻게 평안할 수 있을까요?

우리는 '증명'을 참 좋아합니다. 불확실성이 우리를 불안하게 한다면 '확실한 증명'은 우리에게 확신과 평안함을 줄 수 있기 때문입니다. 그런데 이 증명은 우리 일상의 무엇인가가 깨져야만 얻을 수 있습니다. 어떤 일들은 저절로 증명되었다고도 말합니다. 그러나 실상은 우리가 의지적으로 원하지 않았거나 기대하지 않았던 외부적인 힘이 가해진 것이지 결코 우연히 일어나는 일은 아닙니다.

풍랑을 만났을 때 사명이 증명된다

바울이 로마로 호송되는 가운데 유라굴로라 불리는 풍랑을 만났습니다. 이 풍랑이 어찌나 대단하던지 여러 날 동안 해도 별도 보이지 않았다고 합니다. 그런데 이때 바울이 일어나 사람들을 안심시킵니다. 이 모든 사건의 배후에 하나님이 계심을 증명합니다. 그리고 자신이 그런 하나님을 믿노라고 고백합니다.

저는 이 이야기가 무엇인가를 증명하는 것이 아닐까 생각합니다. 만일 바울이 유라굴로 광풍을 만나지 않았다면 어땠을까요? 로마에 더 빨리 도착해 그의 억울함도 더 빨리 풀 수 있지 않았을까요? 그러나 그랬더라면 모르고 지나갔을 일들도 있었을 것입니다. 이 풍랑 사건은 바울에게 그의 사명이 무엇인지를 증명했습니다. 위험에 빠진 사람에게는 자연의 위력 앞에 인간이 얼마나 무기력한 존재인지, 그리고 바울이 믿는 하나님은 어떤 분이신지 증명했습니다.

이처럼 풍랑이라 불리는 인생의 고난은 때때로 우리 삶을 가장 명확하게 설명하는 동기를 제공합니다. 그런 면에서 풍랑이 힘들기는 하지만, 우리 인생에 꼭 필요한 경험이 아닐까 하는 생각도 합니다.

살면서 풍랑을 피해갈 수 없는 것 같습니다. 그런데 분명한 것은 똑같이 풍랑을 만나더라도 사명을 가진 사람에게는 그 시간이 사명을 더욱 명확하게 하지만 그렇지 않은 사람에게는 그저 환난에 불과하다는 사실입니다.

묵상 팀의 한 집사님이 '사명'에 대하여 참 멋진 말을 해주었습니다.

"사명(使命)하면 보통 '일'이 떠오릅니다. 맡겨진 임무, 미

선, 하나님의 일, 하나님이 맡기신 일. 저도 그랬습니다. 그래서 일을 성공적으로 하기 위해 인생을 걸 만큼 최선을 다했습니다. 그런데 사전에서 이 단어를 찾아보니 또 다른 한문이 눈에 들어옵니다. 사명(死命), 죽음과 생명. 어쩌면 기독교적 사명은 이것에 더 가깝지 않을까 하는 생각이 들었습니다. 바울처럼 죽음도 두려워하지 않고 목숨 걸고 순종할 때 하나님의 일이 이루어지는 것 아닐까요?"

사도행전 27장에 바울이 탄 배가 풍랑을 만나는 장면이 나옵니다. 인생을 '항해'에 비유하는 이유는, 우리 삶이 마치 배를 타고 항해하는 것과 유사하기 때문이지요. 항해도, 우리 삶도 출발해서 도착할 때까지 어떤 일이 벌어질지 예측할 수 없습니다. 그리고 또 한 가지, 배가 풍랑을 만나면 인간이 살아가기 위해 필요한 필수적인 것을 제외하고 모두 바다에 던져 버린다고 합니다. 배를 가볍게 해야 풍랑을 견디고 생명을 건질 수 있기 때문입니다. 그래서 항해 중에 풍랑을 만날 때는 무엇을 버리고 무엇을 취해야 할지 결단하고 선택해야 합니다.

우리 인생도 그렇지 않습니까? 인생의 항해에서 풍랑을 만나는 순간 무엇을 붙잡고 무엇을 버려야 하는지 결단을 내려야 합니다. 우리가 누구인지, 무엇을 가장 중요하게 생각하는지, 누구를 믿고 있는지, 무엇을 의심하고 있는지 밝혀지는 순간이기도 합니다.

한 장로님이 고백하시기를, 제가 설교하며 했던 말 중에 하나가 늘 마음에 걸렸다고 합니다. '하나님 앞에서 우선순위를 분명히 하라'는 내용이었는데, 결단의 순간이 오면 무엇을 내려놓아야 할지 고민이 되었답니다. 이분이 제일 좋아하는 것은 아무리 생각해도 '골프'였고, 하나님과 경쟁 1순위인 골프를 내려놓아야 하는 순간이 두렵게 느껴지기까지 했답니다. 얼마나 정직한 고민인가요? 그래서 혼자 우선순위를 조정했답니다. '내가 제일 좋아하는 것은 골프가 아니다!'라고 말이죠. 그리고 가족에게 말했답니다. "내가 제일 좋아하는 것을 내려놓았다!"라고요. 골프가 아닌 다른 것을 말입니다.

이 이야기를 들으며 하나님 앞에서 이런 고민을 하는 것만으로도 참 귀하다는 생각을 했습니다. 과연 신앙인 중에 하나님 앞에서 정직하게 내 삶의 우선순위가 무엇인지를 고민하는 사람이 몇이나 되겠습니까? 또 우리 인생에 풍랑이 와서 우선순위를 내려놓아야 할 때가 오면 정직하게 붙잡아야 할 것과 버려야 할 것을 알고 고민하며 사는 사람이 얼마나 될까요?

사실 우리 인생에서 결단의 순간은 그렇게 낭만적이지 않습니다. 여러 가지 이유를 고려할 수조차 없는 절박한 순간도 있습니다. 목숨과 맞바꿔야 하는 순간에 결정해야 할 수도 있습니다. 그런데 이렇게 어려울 것 같은 결정의 순간, 우선순위의 선택이 단순해질 때가 있습니다. 저는 이것이 사명 앞에 설 때라고 생각합니다.

2020년 '풍성한 삶을 살기로'라는 제목으로 시리즈 설교를 할 때였습니다. 20년 전 청년 사역을 하며 가슴이 뜨겁던 때를 생각하며 말씀을 전하는데, 참 많이 힘들었습니다. 20년 전에는 가슴이 뛰던 설교였는데, 지금은 가슴이 아픈 설교입니다. 사명이 분명하던 때에는 제 인생이 참 단순했는데, 어느 순간부터 인생이 참 복잡하고 생각할 게 많아져 버렸습니다. 사명이 흐려지니 결정이 쉽지 않았습니다. 고려할 것이 얼마나 많고, 생각할 것이 얼마나 많고, 주변을 살펴야 할 것이 얼마나 많은지요.

그렇게 고민하던 어느 날 '초심으로 돌아가자'는 생각이 들었습니다. 그러자 내려놓아야 할 것과 붙잡아야 할 것들이 분명해졌습니다. 평안이 찾아오기 시작했습니다. 어쩌면 하나님은 이 말씀으로 묵상하고 성도들과 나눌 수 있는 이 때를 계획하신 것이라는 생각이 듭니다. 하나님은 우리 인생을 언제나 이렇듯 놀랍게, 완벽하게 준비해 가시는 분입니다.

고난은 징검다리일 뿐이다

배를 타고 항해하던 중 광풍이 닥치자 모든 사람이 두려워하고 있습니다. 그런데 이 시간이 바울에게는 사명을 붙들고 우뚝 서는 계기가 되었습니다. 하나님은 왜 바울에게 두려워하지 말라고 하셨을까요? 바울 서신을 보면, 그가 하나님께 부름받고 난 후에 버릇처럼 하는 말이 있습니다. 자신의 정체성을 증명하는 말입니다.

그가 사용한 단어 중 하나는 '종, 노예'라는 뜻의 헬라어 '휘페레테스', 다른 하나는 '증인, 순교자'라는 뜻의 '마르튀스'입니다. 그러고 보면 바울은 온 생애 동안 늘 하나님의 종으로서 그분의 일을 증언했습니다. 그에게 광풍은 어떤 사건을 종결짓는 것이 아닙니다. 하나님이 계획하신 여정 가운데 만난 하나의 징검다리일 뿐입니다. 징검다리는 여기에서 저기로 가기 위해 딛고 넘어가야 하는 하나의 과정입니다. 그러니 유라굴로 앞에서 두려워할 것이 아니라, 그 징검다리를 딛고 건너게 하시는 하나님의 역사를 기대해야 합니다.

유라굴로와 같은 광풍을 만난 분이 계십니까? 이 광풍이 우리 인생을 종결짓는 사건이 아니라 그저 딛고 넘어가야 할 징검다리일 뿐이라는 사실을 믿습니까?

24 바울아 두려워하지 말라 네가 가이사 앞에 서야 하겠고 또 하나님께서 너와 함께 항해하는 자를 다 네게 주셨다 하였으니 25 그러므로 여러분이여 안심하라 나는 내게 말씀하신 그대로 되리라고 하나님을 믿노라 26 그런즉 우리가 반드시 한 섬에 걸리리라 하더라 행 27:24-26

여기 놀라운 말씀 중 하나가 "너와 함께 항해하는 자를 다 네게 주셨다"라는 부분입니다. 당시 바울은 이미 나이가 많이 들었습니다. 노쇠한 데다가 죄수의 몸으로 묶여서 로마로 호송되는 순교의 길을 가고 있습니다.

잠깐 생각해 봅시다! 바울이 타고 있는 배의 주인, 즉 선주는 따로 있었습니다. 그리고 배를 이끌고 있는 선장이 있습니다. 배 안에는 바울의 호송을 책임진 백부장 율리오와 그의 휘하 병사들이 있습니다. 그런데 하나님은 이 모두를 제쳐 두고 바울에게 276명의 생명을 맡기셨습니다. 이것이 사명을 받은 자의 몫입니다. 배를 타고 있는 사람들과 구원의 길을 함께 가야 한다는 것입니다. 바울에게 사명이 있는 한 하나님은 그를 포기하지 않으실 것입니다. 배에 함께 타고 있는 모든 이가 바울과 함께 구원을 받게 될 것입니다.

그런데 사실 바울에게는 이런 일이 처음이 아닙니다. 하나님이 바울과 함께하는 모든 이들을 그의 손에 맡기시는 일은 바울의 삶에 늘 있었습니다. 바울은 '휘페레테스'와 '마르튀스'의 사명을 감당하기 위해 평생을 살았습니다. 그는 사명자로서 3차에 걸쳐 전도여행을 다녔습니다. 성경에 나오는 57개의 도시를 누비며 무려 1만 3,300킬로미터를 다녔습니다. 그가 다녔던 수많은 도시에서 하나님은 그에게 생명을 맡기셨습니다.

사도행전을 보면 계속해서 '우리'라는 말이 나옵니다. 이 말은 바울의 여정에 누군가가 함께했다는 뜻입니다. 바울의 3차 전도여행에는 누가와 아리스다고가 동행했습니다. 누가는 2차 전도여행 중 드로아에서 만났으며, 바울이 로마에서 참수형을 당할 때까지 약 20년간 함께했습니다. 아리스다고는 3차 전도여행을 마무리하고 예루살렘으로 돌아갈 때 고린도에서 합류해 약 10년 간 바울이 생을 마감할 때까지 그의 곁을 지켰습니다. 이처럼 바울은 사명자로 살아가며 많은 사람과 관계를 맺고 있습니다. 여기서 깨닫는 것이 있습니다. 인생은 길이의 문제가 아닙니다. 누구와 함께하는가가 중요합니다. 어떠한 상황 가운데서도 주님의 '휘페레테스'와 '마르튀스'의 사명을 같이하며 사느냐가 중요합니다.

몇 주 전 우리 교회 젊은 권사님이 세상을 떠났습니다. 가족력이 있었기 때문에 늘 자녀들에게 그런 말을 했답니다. 자신에게도 그런 병이 오면 그냥 놔두라고 말입니다. 입관 예배를 드리는 날 많은 분이 함께했고, 저도 설교를 하면서 눈물을 참 많이 흘렸습니다. 그런데 함께 앉아 있는 성도들을 보니 감사한 생각이 들었습니다. 단지 조금 먼저 하나님께 부름받은 것이지, 이렇게 많은 사람이 함께 믿음의 여정을 가고 있으니 참 행복한 분이라고 말입니다.

인생을 길이의 문제로 바라보고 있습니까, 아니면 사명자로서 살아가면서 믿음의 동역자와 함께하고 있습니까? 우리가 인생을 길이의 문제로 바라보지 않고 동역자와 함께할 때 인생의 광풍을 만나더라도 그 광풍은 그저 딛고 넘어가는 징검다리에 불과합니다.

가야 할 길을 알면 두렵지 않다

"나는 두렵지 않다!"라고 외칠 수 있는 인생은 참으로 복됩니다. 갈 길을 알면 두렵지 않습니다.

지금 바울과 함께 배에 타고 있는 모든 사람이 동일한 상황을 경험하고 있습니다. 그 상황에 대한 묘사가 다음 구절에 나옵니다.

> 20 여러 날 동안 해도 별도 보이지 아니하고 큰 풍랑이 그대로 있으매 구원의 여망마저 없어졌더라 21 여러 사람이 오래 먹지 못하였으매 바울이 가운데 서서 말하되 여러분이여 내 말을 듣고 그레데에서 떠나지 아니하여 이 타격과 손상을 면

여러 날 동안 해도 별도 보이지 않았다고 합니다. 당시 항해를 하던 사람들은 나침반이 아니라 하늘을 보며 길을 찾았다고 합니다. 그런데 그 하늘이 보이지 않으니 당장 어디로 가야 할지 모를 것입니다. 구조되리라는 소망마저 사라져 버린 상태입니다.

재난 영화는 사람들에게 인기가 많은 장르입니다. 재난 영화를 보며 긴장과 스릴도 느끼지만, 재난을 헤쳐 나가는 사람들을 통해 희망을 경험하기도 합니다. 간접 경험이기 때문에 나는 위험하지 않다는 안도감도 느낍니다. 또한 고립된 재난의 순간에 누군가 우리를 구해 줄 것이라는 막연한 소망을 갖게 되는 것도 사실입니다. 문제는 그런 소망이 끊어지는 순간입니다. 정말 무서운 것은 재난보다 소망이 보이지 않는 순간을 맞닥뜨리게 되는 것입니다.

지금 바울이 처한 상황을 머릿속에 그려 봅시다. 폭풍이 길어지면서 점점 소망이 줄어들고 두려움이 찾아왔을 것입니다. 여러 날 해도, 별도 보이지 않는 상황이니 구원의 소망마저 없어졌다는 말의 의미가 이해될 듯합니다. NIV 성경으로 보면 그 상황이 조금 더 피부에 와 닿습니다.

When neither sun nor stars appeared for many days and

the storm continued raging, we finally gave up all hope of being saved. 행 27:20, NIV

개역개정 성경에 "여러 날"이라고 한 것을 NIV 성경은 "many days"라고 했습니다. 물론 서로 다른 기준을 가지고 있겠지만, 셀 수 있는 날의 숫자는 어디까지인가요? 그리고 셈을 넘어서, '많은 날들'의 기준은 무엇인가요? 분명한 것은 구조 희망을 포기하기에 충분한 날이 지나갔다는 것입니다. 게다가 여러 날 먹지 못하여 버틸 힘조차 없어져 버렸습니다.

그런데 주의 사자가 나타나 바울에게 확신을 줍니다.

… 네가 가이사 앞에 서야 하겠고… 행 27:24

지금 바울이 풍랑을 만나 죽음의 고비를 지나고 있지만, 여기가 종착점이 아니라는 것입니다. 로마 황제 앞에 서야 하기 때문에 하나님이 그를 지키시리라는 음성입니다. 분명한 사명, 분명히 가야 할 길이 정해져 있으니 지금 상황을 두려워할 이유가 없습니다.

지난 해 만나교회의 한 장로님 댁을 심방한 적이 있습니다. 장로님은 수술을 앞두고 병원에 입원해 계셨습니다. 심방이라고는 하지만 코로나19 탓에 직접 병원으로 방문하지는 못하고 전화로 기도해 드렸습니다. 그러면서 이런저런 이야기를 나누었습니다. 별로 걱정하지 않으며 이 시간을 통해 깨닫게 하시는 하나님의 음성을 듣겠노라고 담대하게 이야기하는 장로님이 참 고맙고 믿음직스러웠습니다. 그런데 수술을 마치고 얼마 지나지 않아, 교회에서 만난 장로님의 아들이 눈물을 흘리며 제게 기도 부탁을 했습니다. 수술을 하려고 보니 이미 말기 암이었고 암 세포가 여기저기 많이 전이된 상태라고 했습니다. 앞으로 어떻게 항암 치료를 받아야 할지, 여러 곳에 퍼진 암을 어떻게 치료해야 할지 의료진도 난감한 상황이었다고 합니다. 이런 상황에서 심방을 하고 위로를 한다는 것이 얼마나 힘든지 모릅니다.

이번에는 직접 장로님 댁으로 심방을 갔습니다. 함께 모여 예배를 드리려 할 때, 장로님이 이렇게 말씀하시더군요.

"목사님, 걱정하지 마세요. 가야 할 길이 어디인지를 알고 있으니 두렵지 않습니다."

장로님과 권사님, 그리고 가족들을 위로하려고 갔는데 오히려 제가 위로를 받았습니다. 평안하게 그 시간을 지나시는 장로님을 보면서 '귀하다'는 생각을 했습니다. 가야 할 곳이 어딘지를 알고 있으니 두렵지 않습니다!

주께서 나와 함께하시기에

무엇이 우리를 두렵게 하나요? 사실은 풍랑이 아니라, 어디로 가야 할지 모르는 어두운 상황이 두렵게 합니다. 코로나19로 어려운 시간을 지나며 많은 경제학자가 어두운 전망을 내놓았습니다. 중국에서 코로나가 잡혔다고 생각하고 규제를 풀었지만 봄철 황금연휴에 사람들이 돈을 쓰지 않더랍니다. 놀라운 것은 은행에 예금액이 늘어나고, 기업들이 투자를 취소하는 상황이 벌어진 것입니다. 이유는 두려움 때문이었습니다. 상황이 어떻게 될지 예측할 수 없다는 두려움이 사람들을 움츠러들게 했다고 합니다.

전 세계 기독교인이 가장 많이 읽고 외우고 좋아하는 성경 구절을 꼽으라면 주저 없이 시편 23편이라고 말할 것입니다. 하나님이 목자가 되셔서 우리를 '푸른 풀밭'에 누이시는 모습을 상상만 해도 좋지 않은가요? 그런데 동물의 왕국이나 내셔널 지오그래픽 같은 프로그램을 보면 약한 동물들은 절대 눕지 않습니다. 강하고 센 녀석들만 늘어져 낮잠을 잡니다. 약한 동물들은 '바스락' 하는 작은 소리에도 기겁하고 도망갑니다.

홍민기 목사의 《더 이상 내려갈 곳이 없었다》에 보면 이런 이야기가 나옵니다.

"미국의 필립 켈러 목사님은 '푸른 풀밭에 누이시며'라는 부분에서 '어떻게 양이 누울 수가 있지?'라는 질문을 품기 시작했다. 그리고 이스라엘로 건너가 8년 동안 실제로 목자 생활을 했다. 그런 후에 쓴 그의 책《양과 목자》는 시편과 성경을 이해하는 데 큰 도움을 주었다.

이 책에 따르면 양들이 누우려면 네 가지 상황과 여건이 다 충족되어야 한다. 첫째, 양들이 자신을 공격하는 맹수로부터 자유롭고 안전하다고 느껴야 한다. 둘째, 해충이 없어야 한다. 털 있는 짐승이 밖에서 지내면서 해충들로부터 자유롭기란 쉬운 일이 아니다. 셋째, 어느 양이 다른 양을 공격한다든가 하는 문제 없이 양 무리 안에 평화가 있어야 한다. 마지막으로, 배고프지 않아야 한다. 지금까지도 잘 먹었으니 내일도 먹을 것이라는 확신이 있어야 한다."

광풍을 마주하고도 두려움이 아닌 평안함을 누리는 바울을 보면서 깨닫는 것이 있습니다. 광풍 가운데 우리가 무엇을 바라보고 있느냐는 것입니다. 시편 23편에 정말 멋진 구절이 있습니다.

> 내가 사망의 음침한 골짜기로 다닐지라도 해를 두려워하지 않을 것은 주께서 나와 함께하심이라 주의 지팡이와 막대기가 나를 안위하시나이다 시 23:4

이 말씀의 핵심은 무엇일까요? 어떤 사람은 "사망의 음침한 골짜기"가 눈에 들어올 수도 있습니다. 하지만 핵심은 "주께서 나와 함께하심"입니다. 우리 인생에서 영적 상태가 가장 좋은 시기는 푸른 풀밭에 누울 때나 사망의 음침한 골짜기를 지날 때가 아니라 '주와 함께할 때'입니다.

더욱 중요한 것은 주님이 함께하셔야만 살 수 있다는 확신이 드는 때가 있다는 것입니다. 사망의 음침한 골짜기를 지날 때 가장 분명하게 느낍니다. 다윗의 인생에서 가장 비참했던 때는 죄를 지었을 때입니다. 왕궁에 누워 낮잠을 자고, 한가롭게 지붕 위를 거닐다가 목욕하는 여인을 보고 음욕을 품었을 때입니다. 아무 걱정이 없고, 사망의 음침한 골짜기도 없는 상황에서 다윗은 하나님을 왕으로 고백하지 않고, 자신이 왕이 되어 마음대로 죄를 지었습니다. 그의 인생에 가장 고달픈 아픔의 시간은 바로 그때였습니다.

바울의 인생을 보면 참으로 이해할 수 없는 고백들이 있습니다. 최고의 고백, 가장 아름다운 찬양, 깊은 기도는 예외 없이 거친 풍랑이 몰아치는 바다 한가운데서 나왔습니다. 만약 바울이 광풍을 만나지 않았다면 이런 분명한 사명의 자리에 설 수 있었을까요?

> 25 그러므로 여러분이여 안심하라 나는 내게 말씀하신 그대로 되리라고 하나님을 믿노라 26 그런즉 우리가 반드시 한 섬에 걸리리라 하더라 행 27:25-26

우리 인생에 광풍이 찾아왔을 때, 붙잡을 것과 버려야 할 것이 분명하다면 두려움에서 이길 수 있습니다. 묵상 팀의 한 젊은 집사님이 귀한 묵상을 나눠 주었습니다.

"주님 외에 다른 것을 배설물처럼 여겨야 한다는 말씀이 떠오릅니다. 하지만 사실 중요한 것은 배설물이 아니라 주님입니다. 저는 다른 것들을 버리는 문제를 떠나서 주님을 붙잡고 있는지 생각해 봅니다. 예를 들어, '내려놓음'이라는 말을 많이 합니다. 하지만 '내려놓음'보다 '붙잡음'을 생각해 봅니다. 아이들을 교육하다 보면 아이가 손에 안 좋은 것을 잡는 경우가 있습니다. 그럴 때 내려놓으라고 교육하면 그 순간은 내려놓지만 금방 또 익숙하고 안 좋은 것을 쉽게 잡습니다. 따라서 좋은 것을 잡는 것이 필요합니다. 버리고 내려놓아야 할 것이 너무 많아서 주님을 더욱 붙잡아야 합니다."

폭풍 속에 있다면 두려움을 징검다리 삼아 나아가길 원합니다.

두려워하지 말라 내가 너와 함께 함이라 놀라지 말라 나는 네 하나님이 됨이라 내가 너를 굳세게 하리라 참으로 너를 도와주리라 참으로 나의 의로운 오른손으로 너를 붙들리라 사 41:10

이 말씀을 붙잡고 우리를 인도하실 하나님의 계획을 믿으며 나아가길 기도합니다. 폭풍 가운데 말씀 붙잡고 주님의 음성을 들으며 승리하기를 축원합니다.

12장

이렇게까지 전도해야 하나요?

○ "길거리 전도하는 분을 보면 신앙을 강요하는 것 같아 거부감이 먼저 듭니다. 삶으로 전도하면 충분하지 않을까요? 그리고 기독교를 싫어하는 사람들에게까지도 전도해야 하나요?

30 바울이 온 이태를 자기 셋집에 머물면서 자기에게 오는 사람을 다 영접하고 31 하나님의 나라를 전파하며 주 예수 그리스도에 관한 모든 것을 담대하게 거침없이 가르치더라 행 28:30-31

이 년 동안 바울은 셋집에서 살았다. 그는 찾아오는 사람 누구나 맞아들였다. 바울은 긴박한 마음으로 하나님 나라의 일을 모두 전하고, 예수 그리스도에 관해 모든 것을 설명했다. 그의 집 문은 항상 열려 있었다. 행 28:30-31, 《메시지》 중

너는 말씀을 전파하라 때를 얻든지 못 얻든지 항상 힘쓰라 범사에 오래 참음과 가르침으로 경책하며 경계하며 권하라 딤후 4:2

C. S. 루이스의《순전한 기독교》는 '소망'을 주제로 이렇게 말하고 있습니다.

"이 세상을 바꾼 사람들은 이 땅에 소망을 둔 사람들이 아니라, 하늘나라를 바라보며 살아간 사람들이다."

사실 우리 모두에게는 소망이 있습니다. 문제는 이 소망을 끝까지 붙드는 사람이 많지 않다는 것입니다. 소망을 붙드는 데 가장 큰 적이 있다면, '기다림'이 아닐까 싶습니다. 소망은 기다림과의 지루한 싸움입니다. 기다림을 방해하는 요소 가운데 하나는 '박해'입니다. 소망을 붙들고 끝까지 승리한 사람들은 그 어떤 박해도 견뎌 냈습니다.

스카이 제서니(Skye Jethani)의《예수님의 진심》에 나오는 '박해에 대한 진실 혹은 거짓' 챕터의 일부입니다.

"존 스토트에 따르면 '박해는 간단히 말해, 양립할 수 없는 두 가치 체계의 충돌이다.' 예수님이 산상수훈을 통해 제시하신 가치 체계는 세상의 가치 체계와 완전히 상반된다. 따라서 누구든 예수님의 길을 따르는 사람은 오해와 비방과 박해를 당할 각오를 해야 한다. 그래서 흔히 박해는 진정한 믿음의 증거로 여겨진다. 마르틴 루터도 고난을 참된 교회의 특징 중 하나로 꼽았다.

하지만 '참된' 크리스천처럼 보이기 위해 전혀 박해가 아닌 것을 박해라고 주장하는 사람들이 적지 않다. 오늘날 이런 현상은 두 가지 모습으로 나타난다. 첫째, 한때 기독교가 누리던 특권이 줄어들고 있는데(예를 들어, 공적인 영역에서 기도 나 기독교의 상징물이 사라지고 있다) 이런 특권의 상실을 박해로 착각할 수 있다. 둘째, 우리는 많은 이들이 문화적·정치적 힘을 얻고자 '희생자'를 자처하는 이상한 시대에 살고 있다.

오늘날, 박해를 받는 사람으로 보일 때 얻는 이점이 있다. 남들의 연민을, 문화적·정치적 상대들을 공격하기 위한 수단이나 자신의 불의한 태도와 행동을 정당화하기 위한 구실로 사용할 수 있다. 우리는 이 두 가지를 거부해야 한다. 박해는 크리스천이 추구해야 할 것이 아니다. 박해는 세상의 특권이 아닌 하나님 나라를 구할 때 찾아오는 부수적인 결과일 뿐이다."

'죽음'을 두 가지로 해석할 수 있을 것 같습니다. 하나는 내가 하나님께 다가가는 것이요, 다른 하나는 나에게 하나님 나라가 임하는 것입니다. 그렇다면 죽음 앞에서 하나님 나라를 구하는 자의 삶이야말로 사명자의 삶이 아닐까요?

사도행전의 마지막 장인 28장 말씀은 끝까지 소망을 붙들고 살았던 바울의 삶에 대해 궁금증을 자아냅니다. 어떻게 그는 그렇게 담대하게 거침없이 살아갈 수 있었을까요?

죽음 앞에 섰기에 절박했다

바울은 소망을 잃지 않고 온갖 고난 속에서도 끝까지 사명의 길을 갔습니다. 무엇이 바울을 이러한 사명자의 삶으로 이끌었을까요? 결론부터 이야기하면, 바울이 끝까지 소망을 붙들었던 비결은 '긴박함'이었습니다. 하나님 나라에 대한 긴박함이야말로 바울을 사명자의 삶으로 이끌었습니다.

사도행전 28장 30-31절에 나오는 바울의 행동에 주목해 보았습니다. 기다림이 다 같지는 않을 것입니다. 긴박한 상황에서의 기다림과 한가한 상황에서의 기다림이 어떻게 같을 수 있겠습니까? '한가하다'는 말이 주는 뉘앙스가 있습니다. 이것저것 계산하고 살피고 충분히 고려할 만한 시간이 있다는 것이죠. 이럴 때는 사람을 만나도 신분과 조건을 따라 선택해서 만날 수 있을 것입니다. 그러나 말씀에 나타난 바울의 행동을 보면 한가함과는 거리가 멉니다. 호불호를 가릴 만한 상황이 아니었습니다. 디모데후서 4장 6절 말씀은 로마에서 순교하기 전 마지막 때를 지나며 바울이 영의 아들 디모데에게 보낸 편지입니다.

> 전제와 같이 내가 벌써 부어지고 나의 떠날 시각이 가까웠도다 딤후 4:6

전제와 같이 부어졌다는 말은, 제단에 올리는 제물에 기름이나 포도주, 피 등을 부어 죽이기 일보 직전이라는 뜻입니다. 바울이 느끼기에 자신의 상황이 그만큼 죽음과 가까워졌다는 것이지요.

디모데후서는 바울 서신 중 최후의 것으로, 로마에 두 번째 갇혀 있는 동안에 기록한 것입니다. 대략 주후 67년경이었을 것으로 보는데, 전승에 의하면 바울은 로마에서 일단 석방되어 그 후 서바나에 갔다가 다시 동방으로 와서 고린도와 밀레도를 거쳐(딤후 4:20) 드로아까지 갔다가(딤후 4:13) 거기서 갑자기 체포되어 다시 로마로 호송되었을 것이라고 보고 있습니다. 그 시기는 네로 황제의 박해가 있었던 때와 밀접한 연관이 있어 보입니다. 일단 석방되었던 바울이 로마 대화재 이후 다시 투옥되었고, 그 상황은 이전보다 훨씬 더 악화되었습니다. 그런데 사도행전 28장을 보면 바울은 로마에서 지내는 동안에도 끊임없이 복음을 전했던 것으로 보입니다.

> 그들이 날짜를 정하고 그가 유숙하는 집에 많이 오니 바울이 아침부터 저녁까지 강론하여 하나님의 나라를 증언하고 모세의 율법과 선지자의 말을 가지고 예수에 대하여 권하더라
> **행 28:23**

제가 이 말씀을 주목한 이유는 사도행전을 기록한 누가의 시선으로 보게 되었기 때문입니다. 사도행전의 저자는 누가입니다. 즉 지금 이 상황을 바울 자신이 아니라 지켜보고 있던 누가가 기록한 것입니다.

> 30 바울이 온 이태를 자기 셋집에 머물면서 자기에게 오는 사람을 다 영접하고 31 하나님의 나라를 전파하며 주 예수 그리스도에 관한 모든 것을 담대하게 거침없이 가르치더라
>
> 행 28:30-31

그 시기에 디모데에게 보냈던 편지 내용과 그 편지를 쓰는 바울의 마지막 모습을 지켜보던 누가의 기록이 절묘하게 어우러져 있지 않습니까? 흥미롭게도 디모데후서 4장 6절에서 그런 자기 고백이 있은 후, 바울은 이렇게 말하고 있습니다.

> 7 나는 선한 싸움을 싸우고 나의 달려갈 길을 마치고 믿음을 지켰으니 8 이제 후로는 나를 위하여 의의 면류관이 예비되었으므로 주 곧 의로우신 재판장이 그날에 내게 주실 것이며 내게만 아니라 주의 나타나심을 사모하는 모든 자에게도니라 9 너는 어서 속히 내게로 오라 딤후 4:7-9

죽음 앞에 선 사람만큼 담대한 사람이 있을까요?

바울이 담대하게 거침없이 복음을 전했던 가장 큰 이유 중 하나는 자신의 마지막을 알고 있었기 때문입니다. 그가 이 세상에서 사명을 감당할 시간이 얼마 남지 않았다고 생각하니, 남은 시간이 아까웠던 것이죠. 그에게 '긴박한 기다림'이 있었던 것입니다.

영화 〈바울〉(Paul, Apostle of Christ)은 성경을 기초로 하지만, 보다 극적으로 바울의 마지막 순간을 묘사하고 있습니다. 영화에 나오는 바울의 마지막 말입니다.

"사람은 자기가 의심을 품고 있는 것을 위해서는 목숨을 버리지 않는다!"

바울이 끝까지 순교할 수 있었던 이유는 자신이 100퍼센트 확신하고 있는 복음 때문이었습니다. 그는 진짜를 위해, 진리를 위해 자신의 생명 바치기를 아까워하지 않았습니다.

그래서 담대하게 거침없이

바울은 자신에게 주어진 마지막 2년 동안 담대하고 거침없이, 그리고 긴박하고 절박한 심정으로 최선을 다해 복음을 전했습니다. 절박함이야말로 바울에게 최고의 에너지를 생성하고 최대의 능력을 발휘하게 만든 힘입니다. 바울의 최고 역작인 서신서들은 이때 쓰였습니다.

　바울은 주옥같은 빌립보서를 써서 성도들에게 보냈습니다.

> 12 형제들아 내가 당한 일이 도리어 복음 전파에 진전이 된 줄을 너희가 알기를 원하노라 13 이러므로 나의 매임이 그리스도 안에서 모든 시위대 안과 그 밖의 모든 사람에게 나타났으니 14 형제 중 다수가 나의 매임으로 말미암아 주 안에서 신뢰함으로 겁 없이 하나님의 말씀을 더욱 담대히 전하게 되었느니라 빌 1:12-14

　놀랍게도 바울이 감옥에 갇혀 있었으나 로마의 시위대와 귀족, 심지어는 폭군 네로 황제의 집안에도 복음이 전해졌습니다. 이러한 사실은 빌립보서의 마무리 글에 잘 나와 있습니다.

> 모든 성도들이 너희에게 문안하되 특히 가이사의 집 사람들 중 몇이니라 빌 4:22

　빌립보서는 로마에서 빌립보에 있는 교인들에게 보내는 편지입니다. 그런데 가이사의 집, 즉 로마 황제의 집안사람 중 몇이 빌립보 교인들에게 문안한다는 것입니다. 감옥에 있는 그가 어떻게 이런 편지를 보낼 수 있었을까요? 참 담대하고 거침없지 않습니까? 그의 처지는 복음을 전하는 데 전혀 장애가 되지 않았습니다. 오히려 이 긴박한 상황에서 복음을 전하자 간절함이 복음의 역사를 만들어 냈습니다. 놀라운 것은 이런 바울의 모습을 보며 도전받는 사람들이 많이 나왔고, 이로 인해 복음이 확장되었다는 것입니다.

여기서 그런 생각을 하게 됩니다. 만약 바울에게 '긴박함이 없었다면' 이렇게 복음이 전해졌을까요? 사람들이 바울의 모습에 이렇게 큰 도전을 받을 수 있었을까요?

사도행전 28장 30절 말씀에 또 하나 흥미로운 부분이 있습니다. 바울이 로마에서 복음을 전하던 장소를 "자신의 셋집"이라고 표현하고 있는데, NIV 성경에 보면 "in his own rented house"라고 되어 있습니다. 이 부분은 당시 상황을 알아야 이해할 수 있습니다.

왜 바울은 감옥에 있지 않고 자신의 셋집에 감금되었을까요? 기록에 의하면, 당시 로마에서는 감옥이 꽉 차 더 이상 죄인을 수용할 수 없으면, 바울처럼 죄가 없거나 가벼운 사람들은 가택에 연금했다고 합니다. 아마도 빌립보와 같은 교회에서 바울에게 선교비를 보내 줬을 것이고, 바울은 그곳에서 손님을 대접하고 스스로 비용을 충당해 가며 복음을 전했을 것입니다.

바울은 당시 50세를 넘겨 60세를 향해 가고 있었고, 노년을 준비해야 할 때였습니다. 그런데 그는 이런 때에 노후 대책을 세우지 않고 끝까지 사명을 붙들었습니다. 그는 죽음을 실패가 아니라 복음의 도구로 보았습니다. 앞서 보았던 디모데후서 4장 6절의 "전제와 같이 부어져"라는 말의 의미가 그렇습니다. 제사를 드리기 위해 제물에 피를 뿌리는 것입니다. 이제 제물을 잡아 제사를 드릴 준비가 다 되었다는 말입니다.

13년 넘게 100주년 기념교회에서 목회하신 이재철 목사님이 은퇴하던 날 이 본문으로 바울의 마음을 설교했습니다. 어쩌다 보니 은퇴를 맞이한 것이 아니라, 처음 교회를 담임해 목회한 순간부터 보내심을 받았다고 생각하니 은퇴의 순간도 던져진 것이 아니라 보내진 것이라고 했습니다. 은퇴하고 거창으로 내려가 새로운 삶을 살게 되는 것 역시 사명이라고 말입니다. 은퇴를 준비하면서 서울과 거창을 오가며 집을 짓는 과정 중에 가장 많이 떠오르고 마음에 걸렸던 사람이 자신을 믿음의 길로 인도한 정애주 사모였다고 합니다. 그는 이렇게 소회를 밝혔습니다.

"근래 제 눈길이 아내의 손등에서 멈췄습니다. 서울에서 먼 길을 오가면서 그 마을에 집을 짓고 이사하느라 수고한 아내의 손이 많이 상해 있었습니다. 그 손을 제가 측은한 마음으로 쓰다듬자 아내가 이렇게 말했습니다. '손과 발이 움직일 수 있을 때 더 많이 사용하고 가야지.' 그 말에 제 마음이 찡했습니다. 하나님이 우리에게 손과 발을 주신 것은 예쁘게 가다듬기만 하라고 하심이 아니라, 흙이나 재로 사그라지기 전에 누군가를 위해 더 많이 사용하게 하시기 위함입니다."

사도행전 28장 30-31절 말씀을 《메시지》는 이렇게 표현합니다.

"이 년 동안 바울은 셋집에서 살았다. 그는 찾아오는 사람 누구나 맞아들였다. 바울은 긴박한 마음으로 하나님 나라의 일을 모두 전하고, 예수 그리스도에 관해 모든 것을 설명했다. 그의 집 문은 항상 열려 있었다."

다시 한번 상기할 필요가 있습니다. 이 말씀은 바울이 자신의 죽음을 앞에 두고 살아가는 모습을 기록한 것입니다. 그리고 그 상황에서 자신의 영적인 아들 디모데에게 권면하는 말씀은 그의 유언과도 같습니다. 우리가 잘 아는 것처럼, 유언은 가장 절박하고 진실하게 전하는 메시지입니다.

코카콜라를 지금처럼 세계적인 브랜드로 키운 사람이 로버트 우드러프(Robert Woodruff) 회장입니다. 그는 사업의 비결을 물어보는 기자들에게 이렇게 답했다고 합니다.

"내 몸 혈관 속에 흐르는 것은 피가 아니라 코카콜라다!"

정말 그 사람 몸을 찌르면 코카콜라가 나올까요? 우리는 이 말의 의미가 코카콜라를 향한 그의 열정이라는 것을 알고 있습니다.

누군가 우리 몸을 찌르면 무엇이 나올까요? 적어도 바울은 이렇게 말했습니다.

> 너는 말씀을 전파하라 때를 얻든지 못 얻든지 항상 힘쓰라
> 범사에 오래 참음과 가르침으로 경책하며 경계하며 권하라
> 딤후 4:2

낡고 해져서 사명을 다하는 것

오스왈드 챔버스의 《주님은 나의 최고봉》을 딱 한 줄로 요약하면, '최고이신 주님께 최상의 것을 드리는 삶'입니다. 이 책에서 오스왈드 챔버스는 바울 이야기를 많이 인용합니다. 하나님이 바울을 부르시고 사용하신 것처럼 자신도 그렇게 사용되기를 원했습니다. 그는 43세의 나이에 이집트 자이툰 부대에서 제물로 드려졌습니다.

《그 청년 바보의사》의 주인공 안수현의 삶을 보았을 때 참 인상적인 것이 있습니다. 그가 입었던 의사 가운 앞면 작은 주머니에 《주님은 나의 최고봉》을 꽂고 다니며 읽었다는 글이었습니다. 안수현은 직장과 가정과 교회에서 하나님을 믿는 사람으로서 최선을 다했습니다. 그는 삶으로 하나님께 최선을 드린 사람입니다. 《그 청년 바보의사》에는 이런 글

이 있습니다.

"과연 나는 길게 줄을 서서 기다리는 환자들 한 사람 한 사람이 내게 환자로 오신 그리스도라는 사실을 기억하고 있을까?"

환자가 그리스도라고 생각하며, 그 환자들에게 최선을 다했던 안수현. 그는 동료 의사들이 파업했을 때도 동료 의사들의 비난과 반대를 무릅쓰고 병원에 남아 끝까지 환자를 돌보았습니다. 물론 그 행동이 동료에게 피해를 줄 것이라는 마음도 있었겠지만, 하나님이 주신 환자들에 대한 마음에 순종하며 환자 한 사람 한 사람을 그리스도로 생각하고 끝까지 자리를 지켰습니다.

그리스도 앞에 서면 우리는 필연적으로 이렇게 살아갈 수밖에 없지 않을까요? 최상의 주님께 우리의 최고를 드리기 위해서는 주저하지 말아야 합니다. 아니 그 어떤 것도 우리를 방해하도록 놔둬서는 안 됩니다. 바울은 이렇게 고백합니다.

> 이는 내게 사는 것이 그리스도니 죽는 것도 유익함이라 빌
> 1:21

오늘 우리가 바울과 같은 고백을 할 수 있다면 인생이 조금은 달라지지 않을까요? 최선의 삶은 위기를 만났을 때 명

확하게 드러납니다.《주님은 나의 최고봉》에 나오는 글을
소개합니다.

"하나님께서 우리를 부드럽게 다루시면 우리는 별로 주의
하지 않기 때문에 하나님께서는 우리의 삶에 위기를 가져오
기도 하십니다. 하나님은 우리가 최선의 것을 주께 전부 드
리는 자리까지 우리를 이끄십니다."

하나님은 '결정의 순간'에 우리를 위기로 이끄십니다. 우
리가 주님을 위할지, 대적할지 결정해야 할 때입니다. 오스
왈드 챔버스는 이것을 '가장 큰 분기점'이라고 했습니다. 이
런 위기가 찾아올 때는 우리의 의지를 번복할 수 없도록 주
님께 완전히 항복해야 합니다. 바울에게 긴박함이야말로 그
의 삶의 분기점이 되고 있습니다. 죽음의 위기 가운데서 자
신을 부르신 주님의 뜻에 초점을 맞추고 있는 것이지요.

만나교회 성도 중 한 분의 이야기를 나누고 싶습니다. 아
주 독특한 이력을 가지고 있는 분입니다. 러시아에서 의료
기기 사업을 하다가 사명을 가지고 러시아에서 의대 과정을
마친 후 지금은 의사로 사역하고 있는 김은영 집사님입니
다. 만나교회 BTD영성훈련을 할 때면 봉사를 하기 위해 비
행기를 타고 모스크바에서 날아오셨습니다. 받은 은혜 때문
에 보통 사람이 생각할 수 없는 삶을 살고 계십니다. 이분이
의사가 된 이유는 한 가지, 의술이 복음을 전하는 가장 좋은
도구라고 생각했기 때문입니다. 이분이 페이스북에 올린 글

을 보면 어떤 사람인지 알 수 있습니다.

2019년 1월 11일

기차 전도 방식을 조금씩 바꿔 가고 있다. 오늘은 기차에서 옆에 앉은 통통한 30대 모피 입은 여인과 날씨로 얘기 나누고 친구가 되었다. 자연스럽게 요한복음 3장 16절 말씀을 두 번 반복하며 암송했다. "잘 들어 보세요" 하고 암송하니 그녀는 내 입모양을 보면서 "잘했어요, 잘했어요" 하며 웃어 주었다. 필요한 때에 이 말씀이 기억나기를, 하나님의 때에 사용하시길 구했다. 알고 보니 우리는 같은 동네에 살았다. 또 편안하게 만나자고 하면서 친구가 되었다.

2019년 1월 14일

아침 기차에 올랐다. 하얀 콧수염을 자랑하시듯 날카로운 눈매의 아저씨가 옆에 앉으셨다. 그는 핸드폰으로 기사를 읽고 계셨다. 어떻게 말 걸어야 확 무시를 안 당할까 고민하다 보니 결국 도착까지 5분 남았다.

"이제 곧 마지막 정거장인가요?" 하고 다짜고짜 물으니 생각보다 친절히 "그렇다"고 하셨다. 그래서 "다행이네요. 아직 시간 있으니 제가 드리는 말씀을 잘 들어 보세요" 하면서 요한복음 3장 16절을 서두르지 않고 또박또박 암송해 드렸다. 그분은 갑자기 환하게 웃으시며 맞다고, 맞다고 하셨다. 괜히 긴 시간을 고민했다. 기차가 종착역에 다가올 때 멋쩍게 재빨리 내리고 곧장 전철역을 향해 뛰었다. 감사합니다. 주님!

　김은영 집사님은 만나는 모든 사람에게 복음을 전하기 위해서 늘 요한복음 3장 16절을 외우며 기도로 준비했습니다. 러시아에서는 이방인으로 살면서 의사로 활동했지만, 그녀에게는 복음을 전하는 일이 가장 중요했습니다. 출근하는 기차에서 하나님이 복음 전할 사람을 만나게 하시면 늘 요한복음 3장 16장을 나누고 그분을 위해 기도했다고 합니다. 당장 눈에 보이는 열매는 없지만 하나님이 뿌린 복음의 씨앗에 물을 주고 빛을 비추어 열매 맺게 하실 것을 기대하며 살아갔습니다.

　눈에 띄는 것이 김은영 집사님이 입었던 의사 가운입니다. 가운 주머니에 이름 대신 '예수는 그리스도시라'는 문구를 수놓았습니다. 환자들은 한글을 읽지 못하는 사람이 태반이었지만 그럼에도 복음 전도의 통로가 되길 바라는 집사님의 간절한 마음이 담겼습니다. 만일 집사님이 복음을 전하지 않았더라면, 아무 일도 일어나지 않았을 것입니다. 그러나 매일 기도하는 자리를 만들고, 만남을 준비하고, 요한복음 3장 16절을 나누는 과정을 통해서 누군가는 복음을 들고, 누군가는 복음을 읽고, 누군가는 예수를 구주로 영접하는 일들이 일어났습니다.

오스 기니스(Os Guinness)는 그의 책《소명》에서 직업이 끝나는 것과 소명이 끝나는 것을 혼동하지 말라고 합니다. 직업, 즉 직장을 다니거나 사업을 하다가 은퇴할 수 있지만, 하나님이 주신 소명에는 은퇴가 없다고 합니다. 그렇습니다. 바로 그것이 우리가 가지고 살아야 할 정신입니다.

오스 기니스는 윌리엄 드레이크 경의 글을 기반으로 만들어진 성공회 기도문의 한 구절을 인용하여 이렇게 말합니다.

"하나님께 영광을 돌리는 것은 어떤 위대한 일을 시작하는 것이 아니라, 같은 일을 계속하여 끝날 때까지 하는 것이다."

이것은 성실함입니다. 만나교회 한 청년의 나눔입니다.

"저에겐 아끼던 수건이 하나 있었습니다. 그냥 평범한 수건이었지만 소중한 추억이 있었기에 사용할 때면 기분이 좋았습니다. 그러던 어느 날, 수건 질감이 까칠해짐을 느꼈습니다. 아무래도 오래 사용하니 자연스럽게 낡은 것입니다. 예전처럼 잘 사용할 수 없을 것 같은 마음에 속상했고, 갑자기 묵상이 되었습니다.

사실 수건 입장에서 보면 자신의 역할(사명)을 충분히 잘 감당해 낸 것입니다. 그렇다면 이 수건은 속상함보다는 만족함이 더 크지 않을까요? 그렇습니다. 우리가 그리스도인으로 쓰임을 받을 때 양질의 개념처럼 더 나아지고 발전하는 것보다 각자의 형태에 맞게 쓰임을 받으면 충분합니다. 쓰임을 잘 받으면 그것으로 충분하니 나도 잘 쓰임받고 싶은 마음입니다."

우리가 이 땅 위에 숨 쉬고 살 날이 많이 남지 않았다면 어떻게 살아야 할까요? 우리가 단지 이 세상에 던져진 존재가 아니라 '보냄을 받은 존재'라면 끝까지 주어진 사명을 감당하기 위해 살아야 하지 않을까요? 그래야 우리의 사명을 완수하는 것이니 말입니다.

다니엘은 사자 굴에 던져졌지만 내팽개쳐진 것이 아니라, 살아 계신 하나님을 드러내도록 보냄을 받은 것입니다. 사도행전 7장에서 스데반이 돌에 맞아 순교를 하고, 박해로 사도행전 8장에서 사람들이 흩어졌지만, 그들은 유대와 사마리아 땅 끝까지 보냄을 받은 사람들입니다. 보냄을 받은 자들에게는 '때를 얻든지 못 얻든지' 문제가 되지 않습니다.

저에겐 소원이 있습니다. 하나님 앞에 다 낡고 해져서 사명을 다하는 것입니다. 이보다 더 복된 인생이 있을까요? 담대하게 거침없이 그리고 끝까지 쓰임받는 우리 모두가 되기를 축원합니다.